DIARRA Mamadou

Système de stockage sécurisé pour Big Data s'appuyant sur l'extension d'un protocole à indirection multiple.

Publisher: Upway Books
Authors: DIARRA Mamadou
Title: Stockage sécurisé Big Data par protocole à indirection multiple
ISBN: 978-1-917916-37-0
Cover Designed on Canva: www.canva.com

This book is a work of non-fiction. The information it contains is based on the author's research, experience, and knowledge at the time of publication. The publisher and authors have made every effort to ensure the accuracy and reliability of the information provided, but assume no responsibility for any errors, omissions, or differing interpretations of the subject matter. This publication is not intended to replace professional advice or consultation. Readers are encouraged to seek professional guidance where appropriate.

contact@upwaybooks.com
www.upwaybooks.com

Dédicace

À Feu mon père, Issa DIARRA, qui n'a jamais hésité pour mon instruction et pour sa sagesse.
Puisse Allah, le Miséricordieux et le très Miséricordieux te rendre au-delà agréable.

À ma très chère mère, Djénéba DIARRA / TRAORE, pour ton soutien indeffectible puisse Allah te combler.

À mon épouse, Kadidia DIARRA / SANOGO,
pour ton soutien malgré mon absence tout au long de ces années de thèse, merci pour ta patience et ta compréhension. Je te réitère toute ma gratitude.

Remerciements

Avant tout, je tiens à exprimer toute ma gratitude à mon Directeur de thèse, le docteur Telesphore B. TIENDREBEOGO, qui m'a encadré et permis de mener à bien ce travail. Nos discussions, toujours très fructueuses, ont beaucoup compté dans l'orientation de mes recherches et l'aboutissement de ces trois années d'études.

Ensuite, je remercie le professeur Théodore Marie Yves TAPSOBA, pour l'honneur qu'il me fait en acceptant de présider le jury de ce doctorat.

Je remercie le professeur Damien MAGONI et les docteurs Frédéric T. OUEDRAOGO et Abdoulaye SERE d'avoir accepté d'être les rapporteurs de ma thèse. Leurs remarques et conseils, tous très constructifs, m'ont beaucoup aidé.

Je réitère toute ma sympathie aux collègues de l'Institut Universitaire de Technologie (IUT), du Laboratoire d'Algèbre de Mathématiques Discrètes et d'Informatique (LAMDI) de l'École Doctorale Sciences et Techniques de l'Université Nazi Boni (UNB), qui, en plus d'être toujours disponibles, m'ont constamment prodigué d'excellents conseils.

Aussi mes remerciements s'adressent-ils à mes amis (ies) et à tous ceux et celles qui de près ou de loin m'ont permis de bien mener à terme mes activités de recherche avec une mention particulière au docteur Jean-Louis ZERBO.

Bien sûr, je ne peux terminer sans remercier mes proches de tout cœur et notamment mes parents qui, au cours de ces trois années de thèse, m'ont toujours soutenu et encouragé, comme d'habitude.

Abstract

Big Data is unavo dable given the predominant place of digits in the daily life of the average consumer. However, it is important to master the issues at stake in order to tame it and take advantage of it. Indeed, despite a continuous increase in the volume of data generated on a daily basis, it is more than necessary to guarantee its quality. Moreover, the availability of data must be a priority in order not to distort the strategies resulting from its processing.

According to many studies, optimising storage and processing are priorities in Big Data. Furthermore, we cannot talk about improvement without a study of the pioneering Hadoop framework, Apache Hadoop. However, any failure of the master node of the Hadoop framework will cause the entire system to fail. This limitation has oriented some distributed application designers to research Distributed Hash Tables (DHTs). A DHT is a data structure of type (key, value) in which each data item is associated with a key and is distributed over the network of nodes. We can unambiguously state that DHTs allow the storage of data to be distributed over all the nodes in the network and that in this context, each node is responsible for a part of the data..

The motivation for this work is to implement a hybrid distributed storage and parallelized processing platform to address the limitations of existing frameworks, namely data replication and load balancing, to enable efficient and optimal use of Big Data.

Our work has resulted in a distributed storage and parallelized data processing system that scales to ensure data security and accessibility with dynamic load balancing.

We conducted a simulation of our proposed model and compared it with some existing frameworks. The simulation results prove the effectiveness of the proposed framework.

Keywords : Big Data, MapReduce, Distributed Hash Table, Geometry Hyperbolic, Scalability, CLOAK-Reduce

Résumé

Le Big Data est incontournable compte tenu de la place prépondérante du numérique dans le quotidien du consommateur lambda. Toutefois, il convient de maîtriser ses enjeux afin de l'apprivoiser et d'en tirer profit. En effet, malgré une hausse continue du volume de données généré au quotidien, il est plus que nécessaire de garantir leur qualité. Par ailleurs, la disponibilité des données doit être une priorité pour ne pas fausser les stratégies découlant de leur traitement.

Selon de nombreuses études, l'optimisation du stockage et du traitement sont des priorités en matière du Big Data. Par ailleurs, nous ne saurons pas parler amélioration sans une étude de la plateforme pionnière en la matière, Apache Hadoop. Cependant, toute défaillance du nœud maître de la plateforme Hadoop, entraîne un dysfonctionnement de tout le système. Cette limite a orienté certains concepteurs d'applications distribuées à orienter les recherches sur les Tables de Hachage Distribuée (DHT). Une DHT est une structure de données de type (clé, valeur) dans laquelle chaque donnée est associée à une clé et est distribuée sur le réseau de nœuds. Nous pouvons sans ambiguïté affirmer que les DHT permettent de repartir le stockage de données sur un l'ensemble des nœuds du réseau et que dans ce contexte, chaque nœud est responsable d'une partie des données.

La motivation de ce travail est de mettre en place une plateforme hybride de stockage distribué et de traitement parallélisé afin de répondre aux limites des plateformes existantes, à savoir la réplication de données et l'équilibrage de charge, pour permettre une utilisation efficiente et optimale du Big Data.

Notre travail a permis la mise en place un système, de stockage distribué et de traitement parallélisé de données, qui passe à l'échelle garantissant la sécurité et l'accessibilité aux données avec un équilibrage dynamique des charges.

Nous avons effectué une simulation de notre modèle proposé et l'avons comparé à quelques plateformes existantes. Les résultats de la simulation prouvent l'efficacité de la plateforme proposée.

Mots clés : Big Data, MapReduce, DHT, Géométrie hyperbolique, Scalabilité, CLOAK-Reduce.

Liste des Abréviations

ACM	Association for Computing Machinery
AES	Advanced Encryption Standard
CLOAK	Covering Layer Of Abstract Knowledge
CRUD	Create - Read ou Retrieve - Update - Delete ou Destroy
DES	Data Encryption Standard
DHT	Tables de Hachage Distribuée
EC	Erasure Coding
ECC	Elliptic Curve Cryptography
HDFS	Hadoop Distributed File System
HM	Host Machine
IBM	International Business Machines
IDC	International Data Corporation
JVM	Java Virtual Machine
NAS	Network Attached Storage
NIST	National Institute of Standards and Technology
NSA	National Security Agency
OLAP	OnLine Analytical Processing
P2P	Peer-to-Peer ou poste à poste ou pair à pair
RGB	Red, Green, Blue
RSA	Rivest-Shamir-Adleman
SAN	Storage Area Network
SGBD	Système de Gestion des Bases de Données
SHA	Secure Hash Standard
SMACK	Spark Mesos Akka Cassandra Kafka
SPOF	Single Point Of Failure
TIC	Technologies de l'Information et de la Communication
YARN	Yet Another Resource Negotiator
VE	Virtual Environment
VPS	Virtual Private Server

Liste des Symboles

Seuil d'équilibre

α	Temps de réponse
β	Temps d'attente
ϵ	Temps d'exécution.

Différents nœuds

J_b	JobBuilder (bâtisseur)
J_m	JobManager (gestionnaire)
J_{mc}	JobManager candidate (gestionnaire probable)
$\mathcal{S}$	Scheduler (planificateur)
$\mathcal{R}$	Root (racine)

Variables tampons

τ_r	Temps de réponse
τ_a	Temps d'attente
τ_e	Temps d'exécution
Φ_r	Somme des τ_r $\left(\sum_{\tau_r}\right)$
Φ_a	Somme des τ_a $\left(\sum_{\tau_a}\right)$
Φ_e	Somme des τ_a $\left(\sum_{\tau_a}\right)$

Opérateurs

$\oplus$	XOR (OU exclusif)
$>>$	Rotation de b positions vers la droite appliquée au registre x
$<<$	Rotation de b positions vers la gauche appliquée au registre x

Mesure de données

To	Téraoctet = 1024 Go
Po	Pétaoctet = 1024 To
Eo	Exaoctet = 1024 Po
Zo	Zettaoctet = 1024 Eo
Yo	Yottaoctet = 1024 Zo

Table des matières

Introduction générale

Sommaire

1.1 Contexte

Selon International Business Machines (IBM) [1], 2,5 Pétaoctets [1] de données est générée chaque heure. Pour International Data Corporation (IDC) [2], le volume mondial de données sera multiplié encore par 3,7 entre 2020 et 2025, puis par 3,5 tous les cinq ans jusqu'en 2035, pour atteindre la taille de 2 142 zettaoctets [2].

Le domaine des Technologies de l'Information et de la Communication (TIC) est devenu l'un des piliers de la société moderne car tout se conjugue au numérique. Nos moyens de communication, de déplacement, nos lieux de services et d'habitations sont tous connectés, entrainant une dépendance instinctive à Internet. Notre vie se diffuse avec l'ergonomie amicale des techniques qui savent se tourner vers les usages. La transformation digitale de notre quotient entraîne des conséquences très positives de notre bien-être : Gain de temps,

---

1. 1 Po = 10^{15} Octets
2. 1 Zo = 10^{21} Octets

augmentation de la productivité, développement des opportunités, meilleure optimisation des calculs, la réduction des distances et bien autres [3].

En parallèle de cette fulgurante montée technologique et du nombre croissant d'utilisateurs d'internet, une attention accrue est portée sur les données circulant sur le web entrainant l'émergence de nouvelles techniques de stockage et la multiplicité d'outils d'analyse et de traitement. Cette mise en place progressive de plateformes pour croiser en temps réel les données. Afin d'établir des combinaisons et des corrélations permettant d'une part d'affiner la connaissance sur une situation, une personne ou une structure, d'autre part de délivrer des connaissances jusque-là inaccessibles et d'en tirer profit.

Pour y parvenir, les centres de stockage de données sont passés de la fourniture d'espace de stockage à mise à disposition de capacités de calcul à haute performance pour la prise en charge des requêtes émanant des besoins dus au nombre croissant d'utilisateurs.

Le système de calcul distribué utilise plusieurs ordinateurs pour résoudre des problèmes à grande échelle sur l'internet. C'est un système centralisé et gourmand en consommation de ressources. Pour pallier ses insuffisances, les plateformes du calcul distribué sont de plus en plus d'actualité. Cette approche met l'accent sur le partage des ressources à grande échelle et la recherche permanente des meilleures performances.

Les systèmes informatiques, dans leur conception, peuvent présenter des faiblesses que certains utilisateurs mal intentionnés exploitent sans autorisation pour accéder à des informations. Dès lors, la gestion du monde numérique devient un défi primordial dans sa mise en œuvre et dans son exploitation, car sa maîtrise ne peut s'improviser.

Pour le citoyen lambda, la gestion des données consiste au respect de la liberté individuelle, la préservation de son identité et de son intimité numérique.

Pour l'entreprise, elle va servir à la protection de son patrimoine industriel numérique, à la sécurité des transactions et la confiance dans ses réseaux informatiques.

Pour l'État, elle permettra la fiabilité du fonctionnement des grandes infrastructures critiques et la réduction de leurs vulnérabilités. Elle constitue un des critères principaux à la réussite d'un projet Big Data [1].

Aussi pour maintenir la gestion des données, serait-il judicieux de porter une attention particulière au stockage distribué et au traitement parallélisé de données.

1.2 Problématique et Motivations

Cette section expose la problématique de recherche traitée dans cette thèse. Elle présente également les motivations à l'origine du sujet de recherche.

1.2.1 Problématique

L'évolution et la démocratisation des TIC ont engendré une véritable explosion de notre capacité à générer des données et un besoin important d'analyse. Pourtant, les problématiques soulevées par l'accumulation de données (stockage, temps de traitement, hétérogénéité, vitesse de captation/génération) sont d'autant plus fortes que les données sont massives, complexes et variées [4].

La prospérité des projets Big Data [1,5] ne peut être réalisée que lorsqu'elle assure une bonne sécurité des données. Pour qu'un utilisateur ait la possibilité d'exploiter un service ou de s'associer à un réseau, il doit d'abord prouver son identité et avoir les droits d'accès indispensable. Les usagers doivent se faire à l'idée qu'ils puissent être victimes d'attaques et d'intrusions. L'usurpation d'identité, l'observation non autorisée, la modification incorrecte et la non-disponibilité des données représentent un vrai danger. Les problèmes liés à cette gestion freinent considérablement l'évolution et le déploiement rapide d'infrastructures à grande échelle, car aucun système informatique n'est impénétrable.

Le stockage et le traitement de données massives, étant fondée sur le respect de la confidentialité, de l'intégrité et de la disponibilité des informations, nous proposons dans cette thèse une plateforme qui supporte le stockage distribué, la DHT CLOAK [6] et de traitement, à grande échelle MapReduce [7,8]. Pour réaliser cette plateforme, nous nous sommes posé les questions suivantes :

— Pouvons-nous proposer des méthodes et des outils qui permettent de concevoir un système de stockage sécurisé pour Big Data adapté non pas à un système donné, mais réutilisable pour de futurs systèmes ?

— Quelle topologie pour un meilleur stockage et traitement de données massives ?

— Quelle stratégie de réplication pour assurer la confidentialité, la disponibilité, l'intégrité, la traçabilité et la protection des données pour notre plateforme ?

— Comment améliorer les algorithmes d'équilibrage de charge et allocation des tâches existant pour une meilleure réactivité ?

Questions dont les réponses dépendent évidemment de l'objectif. Notre thèse vise à mettre en place un système de stockage sécurisé s'appuyant sur l'extension d'un protocole à indirection multiple.

1.2.2 Motivations

L'impact du Big Data n'est pas seulement économique et commercial. L'abondance des données, ainsi que la prolifération d'outils d'analyse dédiés, ouvrent des voies à la recherche dans de multiples domaines, tels que : la santé, les réseaux intelligents, l'écologie

3

et bien d'autres secteurs de l'activité humaine et scientifique. En somme, les solutions Big Data pourraient transformer notre appréhension du monde et améliorer notre quotient.

Certes, l'analyse des données massives générées chaque heure, permet au citoyen quelconque et aux entreprises de prendre des décisions stratégiques et de mener des actions intelligentes. Toutefois l'acquisition de solutions idoines reste salutaire pour pallier cette évolution du Big Data.

Les plateformes de gestion des données déployées aujourd'hui dans la majorité des cas sont dans l'incapacité de traiter l'ensemble de ces flux. Ces plateformes doivent être repensées pour s'y adapter. Bien qu'elles ouvrent la voie à de nombreux progrès, nombre de projets Big Data n'ont ainsi jamais pu aboutir tandis que d'autres n'ont pas pu atteindre la moindre rentabilité, faute de solutions suffisamment adaptées. Les plateformes sont également exploitées à des fins inappropriées par toutes sortes d'utilisateurs, qui tirent parti des supports numériques pour en détourner les usages : soit en commettant des infractions ou des crimes rendus possibles par le caractère virtuel de ces environnements, soit en exploitant outre mesure les données privées à des fins qui vont à l'encontre des intérêts des acteurs qui les ont produites.

Cet usage illicite donne lieu à un dilemme du numérique : les moyens à mettre en œuvre pour prévenir les usages illégaux mettant en danger la vie privée et les libertés individuelles [10].

Ainsi, la question de la confiance et de la transparence devient centrale. Solutionner cette problématique devient alors un impératif pour ce travail de recherche.

1.3 Objectifs de l'étude

L'objectif de notre travail est de construire un modèle de stockage et de traitement Big Data, flexible permettant d'adapter le placement des tâches en fonction de sa stratégie d'équilibrage de charge, qui passe à l'échelle et qui garantit la confidentialité, de l'intégrité et de la disponibilité des données traitées à partir de requêtes précises.

Notre modèle sera constitué de la DHT CLOAK, dont les performances furent prouvées, afin de garantir un meilleur stockage distribué et de sécuriser l'accès aux données MapReduce. Il sera hiérarchique et distribué. Ses mécanismes de réplication et sa stratégie d'équilibrage de charge, lui permettront d'être complètement décentralisé, évolutif et extrêmement tolérant aux déséquilibres et aux défaillances de nœuds en tout point du réseau.

Pour mettre en place ce modèle souhaité afin qu'il puisse rendre le travail simple et efficace aux développeurs pour créer leur propre système informatique distribué, nous nous sommes fixé les objectifs spécifiques suivants :

1. Décrire l'architecture hiérarchique et fonctionnelle de CLOAK-Reduce ;

2. Faire ressortir les avantages du modèle proposé ;

3. Implémenter un prototype de CLOAK-Reduce sous Java ;

4. Évaluer les mécanismes de réplication circulaire et radiale par simulation ;

5. Évaluer la stratégie d'équilibrage de charges à partir d'une étude de trois indicateurs de performances à savoir le temps de réponse, le temps d'attente, et le temps d'exécution des tâche MapReduce par simulation ;

6. Faire une étude comparée des solutions Big Data à base de DHT et CLOAK-Reduce.

1.4 Expérimentation et validation

Pour valider le modèle, nous avons effectué une série de simulation. Aussi avons-nous dans une première approche effectuée une étude comparative du taux de succès de stockage et de recherche en fonction des deux mécanismes de réplication radiale et circulaire de la DHT CLOAK lors de la soumission de tâches. Ensuite, nous avons rapproché le nombre moyen de sauts pour réussir un stockage ou une recherche fonction des mécanismes précités.

Dans une seconde approche, nous avons implémenté le modèle et évalué la stratégie d'équilibrage de charges et d'allocation de tâches en analysant les trois indicateurs de performances suivants : le temps de réponse, le temps d'attente, et le temps d'exécution des tâches MapReduce par simulation. Les tâches des fonctions Map () et Reduce () étaient respectivement effectuée à travers les requêtes STORE et LOOKUP de nos algorithmes de soumission de tâches.

Pour finir, nous avons procédé à une comparaison théorique et par simulation du modèle avec d'autres plateformes DHT-MapReduce.

L'ensemble de nos expérimentations et simulations ont été réalisées avec le simulateur PeerSim [100].

L'intérêt de ces différentes approches était de montrer l'efficacité du modèle proposé.

1.5 Contributions

Notre modèle permet de soumettre une exécution fiable des applications MapReduce dans un environnement distribué caractérisé par un taux 10% de remous. Pour atteindre cet objectif, nous avons opté pour un modèle de DHT-MapReduce dans lequel un ensemble de nœuds autonomes peuvent agir soient comme planificateurs, soient comme nœuds élus, soient comme nœuds exécutant des tâches MapReduce. Ainsi, un ensemble limité de nœuds se verront attribuer dynamiquement dans le temps des rôles de planificateurs et de nœuds élus ou superviseurs afin d'assurer la scalabilité, la fiabilité et l'équilibrage de charges du système.

L'équilibrage de charges entre nœuds élus et nœuds candidats, et entre nœuds élus d'un même planificateur ou un équilibrage de charges entre les nœuds planificateurs, implique que les charges supplémentaires ne se font que de façon hiérarchique. La racine de l'arborescence a un rôle de file d'attente des taches non soumises. La solution proposée apporte une meilleure optimisation du processus d'équilibrage de charges et une amélioration du temps de réponse moyen des tâches avec une communication minimale.

1.6 Organisation du manuscrit

L'ensemble des résultats que nous avons obtenus durant nos différents travaux de recherche sont synthétisés dans ce manuscrit composé de quatre (04) chapitres, outre une introduction générale et une conclusion.

Les chapitres 2 à 4 sont un état de l'art qui commence avec une présentation du Big Data, de quelques plateformes de stockage et de traitement de données massives. Il aborde ensuite un récapitulatif de quelques plateformes de stockage et de traitement distribué hybrides. Enfin, un résumé des mécanismes de réplication de données et d'équilibrage de charges.

Le chapitre 5 évalue les mécanismes de réplication de la DHT CLOAK. Il commence avec une étude comparative des performances de stockage des mécanismes de réplication circulaire et radiale, ensuite nous abordons les performances de recherche avant de terminer par une évaluation du nombre moyen de sauts de stockage et de recherche.

Le chapitre 6 est consacré à une expérimentation de la stratégie d'équilibrage de CLOAK-Reduce, à savoir l'équilibrage intra-planificateur (entre le nœud élu et ses nœuds candidats ou entre les nœuds élus du même planificateur) et inter-planificateurs. Après une présentation du diagramme de classes associé au modèle proposé, il présente quelques algorithmiques associés à chaque type d'équilibrage. Il se termine par une analyse de données relative trois à indicateurs de performances après une simulation sous PeerSim.

Le chapitre 7 présente CLOAK-Reduce. Il fait une description détaillée de sa structure arborescente hiérarchique et distribuée. Ensuite, il décrit une utilisation optimale des mécanismes de réplication circulaire et radiale de données et un récapitulatif de sa stratégie d'équilibrage dynamique de charges à deux niveaux et d'allocation de tâches. Il se termine par une étude comparative théorique de CLOAK-Reduce avec quelques DHT-Reduce.

Enfin, Nous montrer que l'approche proposée permet d'atteindre les objectifs que nous avons fixés dans le chapitre 8.

1.7 Publications

Les chapitres 5, 6 et 7 des travaux que nous présentons ont fait l'objet de publications.

— Tiendrebeogo, T., Diarra, M. "Big Data Storage System based on a Distributed Hash Tables System",International Journal of Database Management Systems (IJDMS) Vol.12, No.4/5, October 2020.

— Mamadou Diarra and Telesphore Tiendrebeogo, "MapReduce based on CLOAK DHT Data replication evaluation", International Journal of Database Management Systems (IJDMS) Vol.13, No.4, August 2021

— Mamadou Diarra and Telesphore Tiendrebeogo, "CLOAK-Reduce Laod balancing strategy for MapReduce", International Journal of Computer Science and Information Technology (IJCSIT) Vol 13, No 4, August 2021

— Et le chapitre 8 a été soumis mais pas encore publié

7

Première partie

Travaux relatifs

Chapitre 2

Architectures et mise en œuvre des Big Data

*Donni ye mininyan foroko de ye, bolo
tè se ka donka s'a dan na*

Les sciences n'ont pas de sommité
absolue

Sommaire

2.1 Introduction

La vulgarisation de l'internet et des objets connectés, a engendré de grands volumes de données et relevé la limite des logiciels et matériels classiques de gestion.

Combiner de grandes quantités de données hétérogènes et augmenter la puissance de traitement des outils de gestion de bases de données existantes est sans aucun doute le

11

besoin émergeant de l'industrie informatique dans les années à venir. La complexité et la taille des ensembles de données qui doivent être acquises, analysées, stockées, triées ou transférées se sont accrues ces dernières années.

En raison de la prolifération des différents types de données, la création d'applications Big Data capables d'extraire les tendances et les relations précieuses nécessaires à la poursuite des processus ou à l'obtention de résultats utiles constitue un véritable défi.

Les entreprises, les organisations corporatives ou les agences gouvernementales ont toutes besoin d'analyser des données. La mise en œuvre du Big Data ouvre ainsi la voie nouvelle à la productivité et l'innovation.

Dans ce chapitre, nous allons immerger dans les technologies du Big Data, qui repose sur une analyse très fine de masses de données. Mais nous devons d'abord comprendre ce qu'est le Big Data.

2.2   Généralités

Dans cette section, nous allons vous retracer l'historique et présenter la définition du Big Data, ses principaux cas d'utilisation et ses concepts cardinaux.

2.2.1   Historique et définitions

Bien que le concept de "Big Data" soit relativement nouveau, les grands ensembles de données remontent aux années 60 et 70, lorsque le monde des données commençait à peine à démarrer avec les premiers datacenters et le développement de la base de données relationnelle. Selon Steve Lohr [9], la première trace du terme "Big Data" remonte à un article de Erik Larson, publié en 1989 dans Harper Magazine puis republié par le Washington Post.

L'expression "Big Data" fait finalement son apparition en octobre 1997 dans la bibliothèque numérique de l'Association for Computing Machinery (ACM), au sein d'articles scientifiques qui pointent du doigt les défis technologiques à visualiser les "grands ensembles de données". Le Big data est né, et avec lui de nombreux défis [11].

Bien que des traces de la genèse du terme remontent à 2001 et puis évoquée par le cabinet Meta Group racheté en 2005 par le Gartner [9, 12], le terme même de "Big Data" a été évoqué la première fois par le cabinet d'études Gartner en 2008.

Les premiers projets "Big Data" sont ceux des acteurs de la recherche d'informations sur le web "moteurs de recherche" tels que Google et Yahoo. En effet, ces acteurs étaient confrontés aux problèmes de la scalabilité des systèmes et du temps de réponse aux requêtes utilisateurs [13].

Définition 1. Littéralement, ces deux termes "Big" et "Data" signifient mégadonnées, grosses données ou encore données massives. Ils désignent un ensemble très volumineux de données qu'aucun outil classique de gestion de base de données ou de gestion de l'information ne peut vraiment travailler. Ce sont les informations provenant de partout : les messages que nous nous envoyons sur les médias sociaux, les vidéos que nous publions, les capteurs utilisés pour collecter les informations climatiques, les signaux GPS, les enregistrements transactionnels d'achats en ligne et bien d'autres encore [5].

Définition 2. Le Big Data est défini comme un modèle permettant de collecter, stocker, gérer, analyser et visualiser des données massives ayant des caractéristiques hétérogènes et demandant dans certains cas à respecter des contraintes de temps réel. La norme identifie également un ensemble d'exigences dérivées de la description de différents cas d'usage. Ces exigences portent sur les différentes phases relatives à la gestion des données incluant la collecte le traitement, la protection et le stockage des données mais aussi l'analyse et la visualisation des résultats issus du traitement de ces données [14].

Définition 3. Une définition pertinente du Big Data pourrait alors être [15] : "des données qui sont trop volumineuses ou ayant une arrivée trop rapide ou une variété trop grande pour permettre de les ranger directement dans des bases de données traditionnelles ou de les traiter par les algorithmes actuels".

Définition 4. Une autre définition renvoie à la notion d'accès à l'information celle donnée par Merav Griguer "Le Big Data désigne une démarche particulière, qui consiste à extraire l'information pertinente d'un ensemble de données" [16].

Définition 5. La définition la plus classique des Big Data est celle des trois Vs (3 V), proposée très tôt par Doug Laney [12] et systématisée par la suite par De Mauro et al. [17] : "volume, vélocité et variété" :

— **Volume** : il représente la quantité de données générées, stockées et exploitées. Selon l'étude Data Age 2025 [1] des analystes de IDC, cette croissance sera multipliée par 5,3 d'ici 2025 pour atteindre 175 Zo soit 175 milliards de To.

— **Vélocité** : Les données sont générées rapidement et doivent être traitées rapidement pour extraire des informations utiles et des informations pertinentes [1,2].

— **Variété** : Les données volumineuses sont générées à partir de diverses sources dis-

---

1. L'étude Data Age 2025 est une étude sur la digitalisation dans le monde réalisée par l'IDC, établi un comparatif de la digitalisation dans quatre régions (Asie/Pacifique, dont Japon, mais hors Chine) ; Chine ; États-Unis ; EMEA (Europe, Moyen-Orient et Afrique).

tribuées dans plusieurs formats (vidéos, documents, commentaires, journaux, par exemple). Les grands ensembles de données comprennent des données structurées, semi structurées et non structurées, publiques ou privées, locales ou distantes, partagées ou confidentielles, complètes ou incomplètes, etc.

Gartner et IBM utilisent cinq Vs (5V) pour caractériser le flux de données du Big Data aux trois V peuvent s'ajouter deux autres Vs, la véracité et la valeur des données. [16].

— **Véracité :** La véracité (ou validité) des données correspond à la fiabilité et l'exactitude des données, et la confiance que ces Big Data inspirent aux décideurs. Si les utilisateurs de ces données doutent de leur qualité ou de leur pertinence, il devient difficile d'y investir davantage.

— **Valeur :** Ce dernier V joue un rôle primordial dans les Big Data, la démarche Big Data n'a de sens que pour atteindre des objectifs stratégiques de création de valeurs pour les clients et pour les entreprises dans tous les domaines.

En somme le Big Data représente l'art de collecter, stocker et traiter des masses de données importantes pour offrir de nouvelles perspectives [15].

2.2.2 Exigences Big Data

Une plateforme Big Data doit être conçue dans l'optique de gérer le stockage distribué et le traitement parallèle [1]. Les applications Big Data commencent avec le traitement de grands volumes d'informations qui deviennent plus importants à mesure que les données se répliquent sur le réseau [4]. Le tableau 2.1 présente une comparaison entre les bases de données traditionnelles et les types de Big Data.

La partie la plus exigeante de ce processus n'est pas seulement la taille de l'information, mais la capacité du réseau à diviser les tâches les plus importantes en tâches plus petites afin de travailler efficacement avec les données [7].

Les six principaux ensembles d'exigences en matière de métrique de réseaux utilisés pour évaluer si un réseau peut traiter de manière appropriée les données volumineuses sont les suivants [20, 21] :

— **Résilience du réseau :** Dans le domaine des technologies de l'information, la résilience fait référence à la capacité d'un système informatique à continuer à fonctionner en cas de panne, d'incident, de piratage ou d'augmentation des opérations commerciales. Et plus précisément, en ce qui concerne les données, il représente la protection des données et leur récupération en cas de sinistre.

— **Congestion du réseau :** L'architecture du réseau doit tenir compte de l'atténuation de la congestion par la diversité des chemins, de sorte que le trafic du réseau puisse se répartir sur plusieurs chemins différents afin d'atteindre les ressources.

SGBDR Classique	Big Data
Données structurées	Tous types de données
Go / To	Zo / Yo
Simple et connu	Complexe et inconnu
OSSAD, MERISE, AXIAL, MDA, UML, IDEFO, MEHARI, MELISA, MARION, etc	Pas de schéma
Centralisée/distribuée	Distribuée exclusivement
[18, 19]	[1, 4, 15]

TABLE 2.1 – Différence entre SGBDR Classique et Big Data

— **Cohérence des performances du réseau :** Le problème le plus important pour les applications Big Data est le maintien d'une synchronisation élevée. Les différents travaux de ces applications doivent être exécutés en parallèle afin de permettre une analyse précise, de sorte que toute baisse importante des performances du réseau peut entraîner des défaillances dans le résultat.

— **Évolutivité du réseau :** Il est important de concevoir une infrastructure réseau avec la capacité d'ajouter de futurs nœuds à l'environnement de cluster de données de soumission. Selon une étude réalisée par l'assistant Hadoop en 2013, le nombre moyen de nœuds est d'environ 100, mais yahoo exploite 42 000 nœuds, et ces environnements de nœuds augmentent chaque année.

— **Partitionnement du réseau :** La mise en œuvre d'une approche d'infrastructure parallèle pour les réseaux de données volumineuses est essentielle pour créer un environnement capable de gérer efficacement le trafic régulier et volumineux. Le cloisonnement du réseau peut prendre la forme d'une séparation logique (la virtualisation) ou physique, selon les exigences de l'organisation.

— **Sensibilisation aux applications du réseau :** Lorsqu'un réseau doit prendre en charge des applications Big Data différentes et des locataires multiples, il doit être capable de différencier, de séparer et de traiter les différentes charges de travail indépendamment. Cette coexistence de flux de données, de processus et de facteurs de ressources applicatives doit être prise en compte lors de la création d'un réseau Big Data qui doit fonctionner dans un environnement commun.

2.3   Architectures Big Data

En général, une architecture modélise la disposition de base et la connectivité des parties d'un système [22]. L'architecture du Big Data désigne la structure logique et physique qui détermine la manière dont les gros volumes de données sont ingérés, traités, stockés, gérés et accessibles [23]. Plusieurs architectures Big Data sont proposées par les grands producteurs logiciels, l'architecture Lambda [24], l'architecture Kappa ou l'architecture Zeta, regroupées sous le nom de traitement polyglotte (Polyglot Processing) [25], l'architecture Liquid [26] et l'architecture SMACK [27].

L'architecture Lambda définit un système big data comme une série de couches permettant de relever le défi du traitement de fonctions arbitraires sur un ensemble de données arbitraire en temps réel. Elle est composée d'une couche de traitement par lots, d'une couche de service et d'une couche de vitesse [24].

L'architecture Kappa unifie le batch et le streaming en une seule couche. Lorsqu'un retraitement est nécessaire, une instance du travail est lancée qui traite toutes les données, spécifiées avec une période de temps plus longue comme configuration du travail. La deuxième instance du travail écrit les résultats du calcul par lots dans un nouveau résultat de la couche de service, par exemple un tableau [25]. L'architecture Liquid est composé de deux couches, une couche de traitement et une couche de messagerie. La couche de messagerie est responsable de l'entrée des données provenant des sources (données primaires) et fournit également les données traitées à l'application Big Data. Les données sont répliquées et stockées dans la couche de messagerie avec un modèle de publication et d'abonnement [26].

L'architecture SMACK (Spark Mesos Akka Cassandra Kafka) est assez différente des architectures Lambda ou Kappa, puisqu'elle est composée d'une liste de solutions plutôt que sur des principes et pattern. Toutefois chacune des solutions est dédié à une tâche particulière. Il est tout à fait possible d'implémenter une architecture Lambda ou Kappa avec ces solutions, mais aussi d'adopter une architecture plus simple [27].

Une architecture Big Data conçue pour gérer l'ingestion, le traitement et l'analyse de données trop volumineuses ou complexe. Elle se compose généralement de quatre couches logiques et exécute quatre processus majeurs (Figure 2.1) : Les solutions individuelles peuvent ne pas contenir tous les éléments de ce diagramme. Cependant, la plupart des architectures de données volumineuses incluent tout ou partie des composants suivants.

Les composants de l'architecture (Figure 2.1) se définit comme suit :

— Sources de données : Toutes les solutions Big Data commencent avec une ou plusieurs sources de données (Figure 2.2) tels que les "logs" des sites web, les "insights" des médias sociaux, les "third party data", l'Open data et les SGBD classiques.

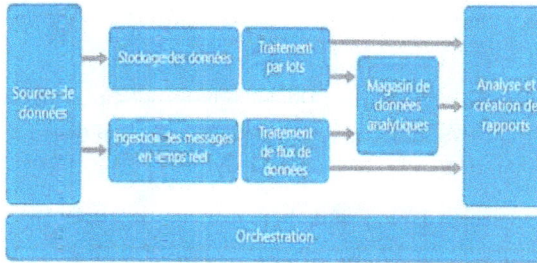

FIGURE 2.1 – Composants d'une architecture Big Data [28]

FIGURE 2.2 – Source de données Big Data

— Stockage de données : Le stockage de données est un terme désignant la façon dont les informations sont conservées dans un format numérique qui peut être récupéré ultérieurement. Les méthodes et technologies utilisées varient considérablement, mais le concept de base est toujours le même : l'information est conservée afin qu'elle puisse être consultée à nouveau plus tard.

— Traitement par lots : Le traitement par lots est un terme général utilisé pour les programmes fréquemment utilisés qui sont exécutés avec un minimum d'interaction humaine. Les tâches de traitement par lots peuvent s'exécuter sans aucune interaction avec l'utilisateur final ou peuvent être programmées pour démarrer de manière autonome lorsque les ressources le permettent.

— Ingestion de message en temps réel : Si la solution comprend des sources en temps réel, l'architecture doit inclure un moyen de capturer et de stocker des messages en temps réel pour le traitement de flux. Cela peut être un simple magasin de données, où les messages entrants sont déposés dans un dossier pour traitement.

— Traitement de flux : Après avoir capturé les messages en temps réel, la solution doit les traiter en filtrant, en agrégeant et en préparant les données pour une analyse. Les données de flux traitées sont ensuite écrites dans un collecteur de sortie. Azure Stream Analytics fournit un service de traitement de flux géré basé sur des requêtes

17

SQL qui s'exécutent de manière permanente et qui fonctionnent sur des flux non liés.

— Magasin de données analytiques : De nombreuses solutions Big Data préparent les données pour l'analyse, puis servent les données traitées dans un format structuré qui peut être interrogé à l'aide d'outils analytiques.

— Analyse et reporting : L'objectif de la plupart des solutions Big Data est de fournir des informations sur les données par le biais d'analyses et de rapports. Pour permettre aux utilisateurs d'analyser les données, l'architecture peut inclure une couche de modélisation de données, telle qu'un cube OLAP [2] multidimensionnel ou un modèle de données tabulaire dans Azure Analysis Services.

— Orchestration : La plupart des solutions Big Data consistent en des opérations de traitement de données répétées, encapsulées dans des flux de travail, qui transforment des données source, déplacent des données entre plusieurs sources et puits, chargent les données traitées dans un magasin de données analytiques ou transfèrent les résultats directement dans un rapport ou un tableau de bord.

2.4 Technologies sur le Big Data

La mise en œuvre d'un projet Big Data nécessite le choix d'une méthode de stockage, d'une technologie d'exploitation et des outils d'analyse de données. Pour optimiser les temps de traitement sur des bases de données volumineuses, une panoplie de solutions existe, certains sont en open source et d'autres sont propriétaires. En effet, plusieurs technologies ont été proposées afin de représenter ces données, ces technologies prennent au moins un axe parmi les deux soit l'amélioration des capacités de stockage, soit l'amélioration de la puissance de calcul [29] :

— **La puissance de calcul :** Le but de ces techniques est de permettre de faire le traitement sur un grand ensemble de données, avec un coût considérable et d'optimiser les performances de l'exécution comme le temps de traitement et la tolérance aux pannes.

— **Les capacités de stockage :** le passage du stockage centralisé vers des stockages distribués, où un même fichier peut être réparti sur plusieurs disques durs, cela permet d'augmenter les volumes de stockage en utilisant un matériel de base.

---

2. OnLine Analytical Processing

2.4.1 Généralités sur Apache Hadoop

Hadoop est une plateforme, open source sponsorisée par Apache Software Foundation, conçue et développée sous Java, par Doug Cutting et Michael Cafarella en 2005 [30], dans le but de stocker des données massives de tous types, de faciliter la création d'applications distribuées et scalables. Hadoop avait pour objectif principal l'exécution de gros travaux par lots tels que l'indexation du Web et l'exploration des journaux. La performance de Hadoop est grandement influencée par son nœud maître.

Depuis son premier déploiement en 2006, quatre versions de plateformes Hadoop ont été publiées, à savoir Hadoop 0 x, Hadoop 1.x, Hadoop 2.x et en 2017 Hadoop 3.x. Dans les versions Hadoop 0.x et Hadoop 1.x, la gestion des ressources basée sur les créneaux horaires, tandis que Hadoop 2.x et Hadoop 3.x utilisent un système de gestion des ressources connu sous le nom de YARN [3] [51].

Comment Hadoop 3.x ajoute de la valeur par rapport à Apache Hadoop ? Mais avant, rappelons les différentes évolutions de Hadoop.

— **Hadoop 1 :** Hadoop 1.x a une scalabilié limitée à 4 000 nœuds par cluster [32] et ne prend en charge que le modèle de traitement MapReduce. Son architecture maître/esclave, constituée des maitres Name Node et JobTracker est son des points de défaillance. L'echec du Name Node deamon, annihile tout accessibilité au HDFS son gestionnaire de fichier. De même toute défaillance du JobTracker entraine l'arrêt de l'exécution de toutes les tâches MapReduce encours et toute soumission de nouvelles tâches [33].

En sommes, le point de défaillance unique (SPOF [4]) dans un cluster Hadoop 1 est le Name Node. Tout autre churn ne provoque ni de perte de données ni les résultats du Name Node du cluster. D'où la nécessité de passer à une autre étape dans cette configuration pour sauvegarder les métadonnées Name Node.

— **Hadoop 2 :** Hadoop 2.x (Figure 2.3) a résolu la plupart des limitations de Hadoop 1.x. Son système de gestion des ressources et nœuds YARN sert de plateforme pour un large éventail d'analyses de données comme la gestion des événements, la diffusion en continu et les opérations en temps réel [32]. Aussi Hadoop 2.x a associe t-il à Hadoop 1 x d'autres modèles informatiques distribués tels que Spark, Hama, Giraph, interface de messagerie) coprocesseurs MPI et HBase [34].

Hadoop 2.x a une sacalabilité allant jusqu'à 10 000 nœuds par cluster et Name Node de secours (Secondary Name Node) possédant une fonctionnalité pour surmonter le SPOF [145].

---

3. Yet Another Resource Negotiator
4. Single Point Of Failure

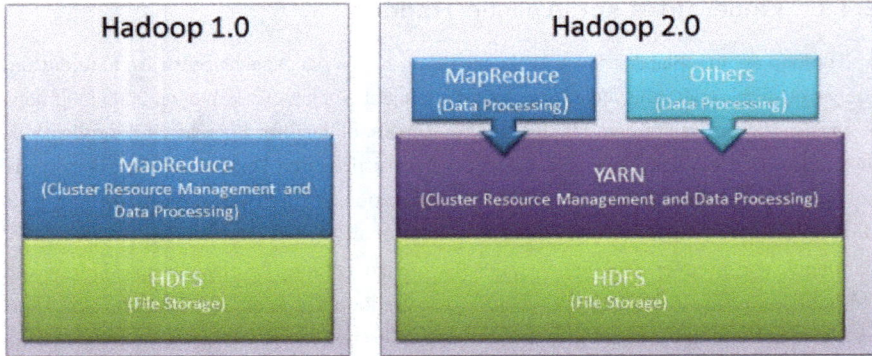

FIGURE 2.3 – Hadoop 1 vs Hadoop 2

Cependant Hadoop 2.x a des limites. Sa tolérance aux pannes est gérée par la réplication. Par défaut, HDFS crée 3 copies de chaque bloc sur d'autres machines du cluster. Un seul nœud de données gère de nombreux disques. Ces disques se remplissent lors d'une opération d'écriture normale. Toutefois, l'ajout ou le remplacement de disques peut entraîner des problèmes importants au sein d'un nœud de données. Hadoop 2.x dispose d'un équilibreur HDFS qui ne peut pas gérer cette situation.

Pour les données, l'équilibrage utilise l'équilibreur HDFS. Il distribue les données sur les disques d'un nœud de données. HDFS peut ne pas toujours placer les données de manière uniforme sur les disques pour les raisons suivantes : Beaucoup d'écritures et de suppressions et remplacement de disque. HDFS a 200% de surcharge dans l'espace de stockage s'il y a six (06) blocs, il y aura donc dix-huit (18) blocs occupés dans l'espace.

La réplication est le seul moyen de gérer la tolérance aux pannes qui n'est pas optimisée pour l'espace. Hadoop 2 prend en charge un seul Name Node actif et un seul Name Node de secours pour l'ensemble de l'espace de noms.

— **Hadoop 3 :** Hadoop version 3.0 a été publié en décembre 2017 [31] en intégrant un certain nombre d'améliorations significatives par rapport à la version majeure précédente, hadoop-2.x. Apache Hadoop 3.x avec son codage d'effacement (EC [5]) en remplacement de la réplication des données fournit le même niveau de tolérance aux pannes avec beaucoup moins d'espace de stockage. Dans les configurations typiques de codage par effacement, la surcharge de stockage ne dépasse pas 50 %. L'intégration de EC à HDFS améliore l'efficacité du stockage tout en assurant une

---

5. Erasure Coding

durabilité des données similaire à celle des déploiements HDFS traditionnels basés sur la réplication. À titre d'exemple, un fichier répliqué trois (3) fois avec six (6) blocs consommera 6*3 = 18 blocs d'espace disque. Mais avec le déploiement EC (6 données, 3 parités), il ne consommera que 9 blocs d'espace disque [32].

Hadoop 3.x amélioration de la scalabilité, la convivialité en introduisant les flux et l'agrégation et la fiabilité du service Timeline [38].

Cependant Hadoop 3 a quelques inconvénients. Les facteurs d'hétérogénéité des nœuds ont un impact négatif sur ses performances et limitent le débit global du système soulevant le problème d'équilibrage de charge et réplication de données. Pour solutionner ses défis, Hadoop introduit également l'utilisation de l'équilibrage des données intra-nœud.

FIGURE 2.4 – Brève histoire de Hadoop [35]

2.4.2   Hadoop et Big Data

Le principe de fonctionnement de Hadoop est de répartir l'exécution d'un traitement sur plusieurs nœuds, ou clusters de serveurs. Dans une logique d'architecture Hadoop, les données vont être découpées en plusieurs parties, chaque partie étant stockée sur un cluster de serveurs différents.

Hadoop regroupe deux ensembles de fonctionnalités nécessaires au traitement de grands ensembles de données non structurées, à savoir le système de stockage de fichiers distribués et le traitement parallélisé de données. Le système de stockage est appelé HDFS [30]. La puissance de calcul repose sur le paradigme de programmation parallèle MapReduce [7].

Hadoop permet à l'utilisateur de se concentrer sur les traitements proprement dits, tandis que la plateforme prend en charge la logistique de la répartition des tâches et la récupération des résultats des traitements à partir des différents nœuds [7, 36]. De plus, la tolérance de Hadoop aux pannes, lui permet de réaffecter les tâches de manière transparente en cas de panne d'un serveur [37].

Hadoop repose sur trois modes de fonctionnement [8] :

1. **le mode local** Hadoop fonctionne sur une seule station de travail et les cinq (05) daemons de Hadoop *(Name Node, Secondary Name Node, Data Node, Job Tracker et*

Task Tracker) s'exécutent tous dans la même JVM [6]. De plus, le système de fichiers utilisé est celui du système d'exploitation et non HDFS. Le mode local est rarement utilisé, sauf pour tester Hadoop pour la première fois ou déboguer un programme.

2. **Le mode pseudo-distribué** Hadoop fonctionne sur une seule station de travail, mais chacun des 5 deamons s'exécute dans sa propre JVM ainsi que le système de fichiers utilisé est HDFS. Le mode pseudo-distribué est souvent utilisé par les développeurs Haddop, parce qu'il développe et teste des jobs.

3. **Le mode totalement distribué** Il correspond au fonctionnement d'un vrai cluster Hadoop, avec plusieurs stations de travail interconnectées en réseau. chacun des 5 deamons s'exécute dans sa propre JVM ainsi que le système de fichiers utilisé est HDFS.

Pour l'analytique et les Big Data, Hadoop est pratiquement une solution-miracle. Les données collectées sur les personnes, les processus, les objets et les outils sont utiles seulement si des tendances significatives en émergent et si, à leur tour, ces tendances peuvent amener à prendre de meilleures décisions.

Hadoop nous aide à relever le défi de l'énormité des Big Data grâce à sa résilience, sa scalabilité, son coût modéré et sa vitesse malgré la diversité des données [39].

2.4.3 Paradigme MapReduce

Introduit en 2004 par Google, MapReduce est un modèle de programmation ou une plateforme logicielle utilisée dans Apache Hadoop. Hadoop MapReduce permet d'écrire des applications qui traitent et analysent de grands ensembles de données en parallèle sur de grands clusters multinoeuds de matériel de base, de manière évolutive, fiable et tolérante aux pannes [7].

— **La phase Map** Les données d'entrée données sont traitées dans la phase Map, où la fonction Map est appliquée aux données et produit des sorties intermédiaires (de la forme (clé, valeur)), où le nombre de bits nécessaires pour décrire la valeur dans chaque paire (clé, valeur) n'est pas nécessairement identique [40]. L'application de la fonction Map à une entrée unique (par exemple, un tuple d'une base de données relationnelle ou un nœud dans un graphe) est appelée un mappeur.

— **La phase Reduce.** La phase Reduce fournit le résultat final des calculs MapReduce. La phase Reduce exécute la fonction Reduce sur les sorties intermédiaires. L'application de la fonction Reduce à une seule clé et à la liste de valeurs qui lui est associée s'appelle un reducer.

---

6. Machine Virtuelle Java

L'implémentation la plus populaire de MapReduce est la plateforme Hadoop, qui permet aux applications d'être exécutées sur de larges clusters déployés sur des machines à faible coût, ouvrant ainsi la voie aux solutions basées sur ce paradigme vers les architectures du type Cloud [41]. D'autres implémentations du paradigme MapReduce sont disponibles pour différentes architectures, telles que les architectures multicores [40], les architectures à multiples machines virtuelles [42], les environnements de Grid Computing [57] ou encore les environnements mobiles [43].

2.4.4 Hadoop MapReduce

Hadoop MapReduce est une plateforme logicielle permettant d'écrire facilement des applications qui traitent de grandes quantités de données (plusieurs téraoctets) en parallèle sur de grands clusters (milliers de nœuds) de matériel de base de manière fiable et tolérante aux pannes [44, 45].

MapReduce et le HDFS s'exécutent sur le même ensemble de nœuds. Cette configuration permet à la plateforme de planifier efficacement des tâches sur les nœuds où les données sont déjà présentes, ce qui se traduit par une bande passante agrégée très élevée sur l'ensemble du cluster (Figure 2.5). Une soumission MapReduce est une unité de tâches que le client veut exécuter. Elle est constituée du fichier des données à traiter, du programme MapReduce et des informations de configuration (métadonnées).

Le cluster exécute une soumission en divisant le programme MapReduce en deux : les tâches *Map* d'un côté et les tâches *Reduce* de l'autre. Dans le cluster Hadoop, il y a deux types de processus qui contrôlent l'exécution des soumissions : le **Job Tracker** et un ensemble de **Task Trackers**.

Dans l'architecture Hadoop MapReduce, le système HDFS repose dans son fonctionnement ces deux principaux rôles maîtres et esclaves [7, 8] :

— **Maître :** Job Tracker, Name Node et Secondary Name Node

1. **Le Job Tracker :** le nœud maître *(Master Node)* lance des tâches distribuées, en coordonnant les esclaves. Il planifie les exécutions, gère l'état des machines esclaves et agrège les résultats des calculs.

2. **Le Name Node :** Le nœud maître *(Master Node)* est l'orchestrateur du système HDFS. Il gère l'espace de noms, l'arborescence du système de fichiers et les métadonnées des fichiers et des répertoires. Il centralise la localisation des blocs de données répartis dans le cluster. Lorsqu'un un client sollicite Hadoop pour récuperer un fichier, c'est le Name Node qui va localiser les *Data Nodes* qui contiennent les blocs. Il reçoit régulièrement un rapport de bloc ou *(Blockreport)* contenant une liste de tous les blocs des Data Nodes situés dans le

cluster afin de s'assurer que les Data Nodes fonctionnent correctement. En cas de défaillance du Data Node, le Name Node choisit de nouveaux Data Nodes pour de nouvelles réplications de blocs de données, équilibre la charge. [37] Toute défaillance du Name Node, entraine la perte du HDFS.

3. **Le Secondary Name Node :** Il effectue des tâches de maintenance pour le compte du *Name Node*. Plus précisément, le *Secondary Name Node* met à jour le fichier fsimage [7] à intervalle régulier en y intégrant le contenu des édits. il sert à effectuer à intervalle réguliers des sauvegardes du Name Node. Il est utilisé pour prendre la relève en cas de panne du Name Node [37].

Le Secondary Name Node intervient soit :

— lorsque le fichier *edits* qui regroupe toutes les opérations effectuées dans le système et qui sert de backup permettant à reconstruire l'état de fichiers si le système plante a atteint une taille prédéfinie,

— à intervalles réguliers (par exemple une fois par heure).

— **Esclave :** Task Tracker et Data Node

1. **Task Tracker :** un esclave d'exécuter une tâche MapReduce sur les données qu'elle héberge. Le Task Tracker est piloté par Job Tracker d'un ordinateur maître qui lui envoie la tâche à exécuter.

2. **Les Data Node :** ils servent d'espace de stockage et de calcul des blocs de données. Dans un cluster Hadoop il y a donc une machine jouant le rôle de Name Node, une autre machine sert de Secondary Name Node tandis que le reste des machines sont utilisées comme des Data Nodes [37].

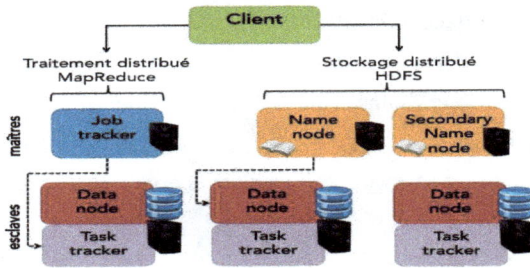

FIGURE 2.5 – Socle technique de Hadoop [47]

En sommes, le principe de fonctionnement de Hadoop est assez simple, il consiste à répartir l'exécution d'un traitement sur plusieurs nœuds. Les traitements de données

---

7. Fichier binaire utilisé comme un point de contrôle pour les méta-données et important dans la récupération des données dans le cas d'une défaillance de système.

peuvent se faire si elles sont stockées dans un système de fichiers quel que soit le format. MapReduce peut profiter de la localité de la donnée, en la traitant près de l'endroit où elle est stockée afin de réduire la distance sur laquelle elle doit être transmise.

2.5 Conclusion

Dans ce chapitre, nous avons introduit les concepts de base de Big Data et des technologies pionnières de stockage et de traitement de grande masse de données Hadoop et MapReduce.

La valorisation des Big Data est totalement compatible avec la démarche et la plateforme de stockage et traitement Hadoop MapReduce. Hadoop est le moteur de facto de la pratique actuelle du cloud computing. L'architecture Hadoop actuelle souffre d'un problème de SPOF : sa gestion des tâches manque de tolérance aux pannes. Si la gestion d'un travail échoue, même si ses tâches restent actives sur les nœuds du nuage, ce travail perd toutes les informations d'état et doit repartir de zéro.

Hadoop tel que nous l'avons décrit, malgré sa puissance, sa capacité à faire du calcul massivement parallèle comporte des limites. Ainsi, dans le chapitre suivant, nous allons présenter des plateformes avec leurs complexités technologiques pour pallier le HDFS de Hadoop.

Chapitre 3

Architectures des réseaux Informatiques

Sommaire

3.1 Introduction

Un réseau est par définition un ensemble d'entités communicantes entre elles. Un réseau informatique est un ensemble d'équipements électroniques interconnectés et capables de communiquer par l'intermédiaire d'un support de communication afin de partager des données, des ressources et d'échanger des informations.

Un réseau informatique permet donc l'échange d'informations et l'accès aux ressources (ou mise en commun, partage) de certains ordinateurs du réseau. Un réseau permet donc une économie de coût, un gain de productivité, une utilisation rationnelle des bases de données et une meilleure stratégie dans le domaine de la sécurité.

Par contre, un réseau a pour inconvénient sa complexité et les conséquences d'une panne sur l'ensemble du réseau. Nous distinguons généralement deux types de réseaux : les réseaux organisés autour de serveurs (client-serveur) et des réseaux poste à poste.

Dans ce chapitre, nous allons présenter différentes typologies de réseaux informatiques, architectures utilisées dans les systèmes de gestion de bases de données.

3.1.1 Architectures client-serveur

Dans le modèle architectural, client-serveur, le client reçoit des services tandis que le serveur en fournit. Le client a besoin d'un service et le serveur fournit les services. Le modèle client-serveur divise les tâches ou les charges entre le demandeur et le fournisseur de services, c'est-à-dire le client et le serveur respectivement, comme le montre la figure 3.6. Normalement, le client et le serveur communiquent via un réseau par l'intermédiaire d'un matériel distinct, mais individuellement, le client et le serveur peuvent être présents dans des systèmes identiques [51]. L'architecture client-serveur présente de nombreux avantages, dont la facilité de maintenance, l'intégration des services, le partage des ressources entre différentes plates-formes et l'amélioration du partage des données. Les inconvénients de l'architecture client-serveur sont que le serveur est sévèrement surchargé par des demandes régulières et simultanées. De plus, le modèle client-serveur est centralisé ; si un serveur tombe en panne, les demandes des clients échouent et la tâche n'est pas accomplie.

FIGURE 3.1 – Architecture client-serveur

Comme tout architecture informatique, le mode client-serveur n'est pas le modèle de communication parfait, il présente des avantages et des inconvénients. Le découpage et la répartition des trois niveaux d'abstraction, la couche de présentation, la logique applicative ou les traitements et les les données, d'une application informatique, permettent de distinguer plusieurs types d'architecture à savoir : architecture 1-tiers architecture (Centralisée), architecture 2-tiers (client-serveur), architecture 3-tiers et architecture n-tiers (distribuée) :

— **Architecture un tiers** : L'architecture à un seul niveau consiste à placer tous les composants nécessaires à une application logicielle ou à une technologie sur un seul serveur ou une seule plateforme. Ce type d'architecture est souvent opposé à l'architecture multi-niveaux ou à l'architecture à trois niveaux utilisée pour certaines applications Web et d'autres technologies où les différentes couches de présentation, de gestion et d'accès aux données sont logées séparément.

L'architecture à un seul niveau est également connue sous le nom d'architecture à un seul niveau.

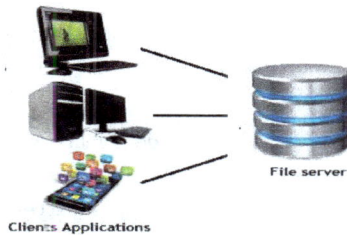

FIGURE 3.2 – Architecture 1-tiers

— **Architecture deux tiers** : Si toutes les ressources nécessaires sont présentes sur un seul serveur, on parle d'architecture à deux niveaux ou 2 tiers (1 client + 1 serveur) . Une architecture à deux niveaux est une architecture logicielle dans laquelle une couche de présentation ou interface s'exécute sur un client, et une couche de données ou structure de données est stockée sur un serveur. La séparation de ces deux composants en différents emplacements représente une architecture à deux niveaux, par opposition à une architecture à un seul niveau. D'autres types d'architectures multi-tiers ajoutent des couches supplémentaires dans la conception de logiciels distribués.

— **Architecture trois tiers** : L'architecture à trois niveaux comprend un niveau client, un niveau métier et un niveau données [51]. Les couches de l'architecture à trois niveaux sont expliquées et présentées dans la figure 3.4.

  — Couche client Cette couche comprend l'interface utilisateur d'une application. Elle est utilisée pour le front-end. Cette couche contient la partie conception où les données et l'interface utilisateur sont présentées à l'utilisateur.

  — Couche métier La couche métier contient les logiques d'entreprise. Il s'agit d'une couche où les règles commerciales sont créées.

29

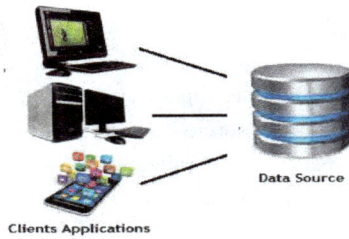

FIGURE 3.3 – Architecture 2-tiers

— Couche de données La couche de données contient la manière d'insérer, de récupérer, de mettre à jour et de supprimer les données de la base de données. Elle implique les fonctions de connexion à la base de données et d'exécution des cas CRUD [1].

L'architecture à trois niveaux présente de nombreux avantages, dont les suivants : elle peut être mise à niveau ou remplacée de manière indépendante et la logique commerciale est plus sûre car le client n'a pas d'accès direct à la base de données. L'architecture à trois niveaux présente de nombreux inconvénients, notamment le fait que le cloisonnement physique entre les niveaux peut affecter les performances et qu'elle est très difficile à mettre en place et à maintenir.

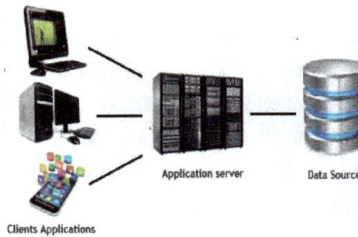

FIGURE 3.4 – Architecture 3-tiers

---

1. Create - Read ou Retrieve - Update - Delete ou Destroy

— **Architecture n-tiers :** L'architecture n-tiers est une architecture multi-tiers dans laquelle les fonctions de gestion des données et de présentation sont physiquement et logiquement séparées. Elle est également divisée en couche de présentation, couche métier, couche d'accès aux données et couche de données [51,52] comme le montre la figure 3.5. L'architecture n-tiers est identique à l'architecture à trois niveaux, mais la couche intermédiaire et la couche de données sont divisées en une nouvelle couche. Ce type d'application est responsable du triomphe des serveurs d'application. Une architecture n-tiers présente de nombreux avantages, dont voici quelques exemples : Les applications n-tiers sont plus faciles à maintenir, les applications n-tiers sont hautement interopérables, en utilisant une architecture n-tiers le développeur est libre de développer des composants de différentes couches avec flexibilité et de nouvelles fonctionnalités peuvent être ajoutées à l'application existante sans affecter la performance. L'inconvénient de l'architecture n-tiers est qu'elle nécessite beaucoup de conception pour assurer l'intégrité entre les nœuds.

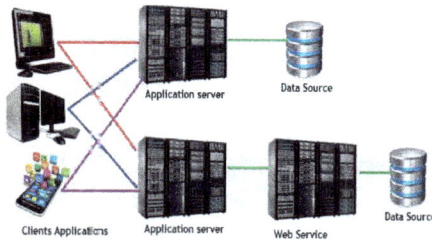

FIGURE 3.5 – Architecture n-tiers

3.1.2 Architectures pair-à-pair

Le phénomène de Peer-to-Peer (P2P), est né en 1999 avec le lancement de Napster [53].

Ce paradigme permet de concevoir des systèmes de très grande taille à forte disponibilité et à faible coût sans recourir à des serveurs centraux [54]. En effet, le P2P est un modèle de réseau informatique structuré de manière décentralisée, afin que les communications ou les échanges qui y ont lieu se fassent entre nœuds dotés d'une responsabilité égale dans le système. Les participants au réseau mettent à disposition une partie de leurs équipements et ressources informatiques (capacité de calcul, espace de stockage, bande passante) ; accessibles de manière directe par les pairs, ces ressources partagées sont nécessaires au bon fonctionnement du service offert par le réseau.

L'organisation dans un tel réseau repose sur l'ensemble des pairs, donc il n'y a pas d'entité chargée d'administrer le réseau. En distribuant les données et les traitements sur

31

tous les pairs du réseau, les réseaux P2P peuvent passer à très grande échelle sans recourir à des serveurs très puissants. Toutefois, ils induisent certains problèmes, liés par exemple à la sécurité des ressources.

Aussi faut-t-il noter qu'un protocole d'un réseau P2P englobe toutes les règles organisant les échanges de messages entre pairs. Toutes les activités sont ainsi encadrées : recherche des adresses IP, gestion et contrôle des fragments de fichiers échangés.

FIGURE 3.6 – The P2P architecture

Nous distinguons donc trois familles d'architectures P2P [48], à savoir l'architecture centralisée, l'architecture décentralisée structurée ou non structurée et l'architecture hybride. L'ensemble de ses architectures est illustré par la figure 3.7.

— **Architecture centralisée :** Elle repose sur un serveur central qui détient l'ensemble des connaissances. Les clients envoient leurs requêtes vers le serveur. Celui-ci répond par une liste des ressources et des clients les hébergeant. Par la suite les clients communiquent entre eux directement.

— **Architecture décentralisée ou Pure P2P :** Le modèle décentralisé (pure P2P) ne s'appuie pas sur la présence de serveurs. Chaque client devient automatiquement client et serveur. C'est une organisation aléatoire ou un nœud, d'une manière spontanée, envoie des requêtes aux nœuds possédant le contenu, les *seeds*, pour recevoir les données dont il a besoin (on parle de *chunks* ou morceau de contenu). Guntella est le premier système qui introduit cette architecture.

  — **Non structurée :** Tous les nœuds sont au même niveau sur le réseau logique. Il n'y a pas de hiérarchie. La recherche de données s'effectue par diffusion aux nœuds voisins de la requête *(Anglais : Flooding)*. Le temps de recherche est difficile à évaluer.

  — **Structurée :** les nœuds sont organisés suivant une structure de données telle que le Table de Hachage Distribuée, de Hachage Linaire, des arbres de recherches binaires ou tant d'autres que nous citerons par la suite. Les données sont stockées sur les nœuds. Le temps de recherche est estimé à *O(log N)*, où *N* est le nombre de nœuds du réseau. Nous verrons que la structure de données que nous traitons dans cette thèse permet de garantir un temps de recherche de *O(1)*.

— **Architecture hybride :** L'architecture hybride [49] est une architecture décentralisée dont chaque nœud est l'élément central d'une architecture centralisée. Ces éléments centraux sont des super-pairs par rapport à l'architecture globale. Ils tirent avantage simultanément des architecture centralisée et décentralisée, gèrent les index des données des autres nœuds et le routage du réseau. Aussi le nombre de pairs mis en jeu dans la découverte des ressources est-t-il réduit, et avec lui, le trafic global entre les pairs. Ceci permet une économie de bande passante et facilite le passage à l'échelle et le temps de recherche est partiellement garanti.

Il est à noter que les architectures hybrides et les architectures centralisées sont parfois regroupées au sein d'une même classe dite architecture à serveurs.

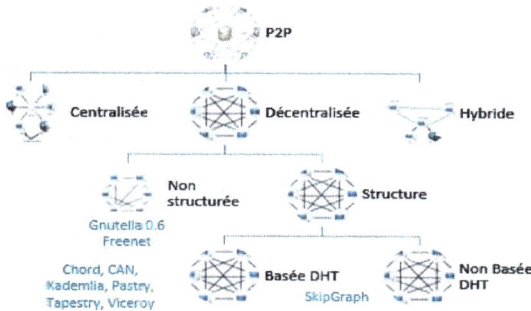

FIGURE 3.7 – Classification des systèmes P2P, avec quelques exemples

3.1.3 Architecture client-serveur ou pair-à-pair

Un système réparti est un système qui vous empêche de travailler quand une machine dont vous n'avez jamais entendu parler tombe en panne. Un système distribué est un ensemble d'entités autonomes de calcul interconnectées et qui peuvent communiquer [50].

Dans l'architecture client-serveur, les services sont centralisés, les clients ne disposent pas données mais soumettent leurs requêtes aux serveurs qui renferment toutes les données afin contrôler leur gestion et les accès clients. Ce caractère centralisé offre à l'architecture client-serveur plus de sécurité. Cependant, l'architecture client-serveur est souvent sujette à des goulots d'étranglement dans l'utilisation des ressources et peut être facilement attaquée du fait de sa structure centralisée. Par ailleurs, toute panne du serveur entraîne l'arrêt total du fonctionnement du système dans sa globalité.

Dans une architecture P2P, les pairs ont un double rôle de serveur et de client. Chaque pair peut disponibiliser ses ressources et exploiter des ressources fournies par d'autres pairs, sans aucun contrôle central ce qui rend le système flexible et tolérant aux pannes. Une autre différence contrastant l'architecture client-serveur et l'architecture P2P est la scalabilité. L'augmentation du nombre d'utilisateurs dans les réseaux P2P, augmente la quantité des données disponibles. Les systèmes P2P décentralisés ont besoin de solutions algorithmiques pour résoudre les problèmes de passage à large échelle puisqu'il n'y a rien de centralisé pour ajouter plus des ressources informatiques. Ces algorithmes distribués ont tendance à être parmi les plus difficiles à développer car ils nécessitent des décisions à faire sur chaque pair local, généralement avec peu de connaissance globales. Sur un autre. Dans l'architecture client-serveur, des solutions pour les problèmes relatifs au passage à large échelle sont bien connues, utiliser des machines plus puissantes achetées à des coûts exorbitants.

En effet, L'architecture client-serveur permet l'identification des clients et à un contrôle sur les transactions qui se produisent sur le serveur ce qui n'est pas le cas de l'architecture P2P qui offre à chaque pair une autonomie significative sans possibilité de contrôle et lui permet de se connecter de manière intermittente avec des adresses IP variables. En conséquence, l'identification de pair est difficile pour reconnaître les membres qui auraient eu des comportements éventuellement malveillants.

Finalement, il est important de préciser qu'il est essentiel qu'un nombre minimal des pairs soit disponible pour que le système P2P continue à fonctionner ce qui n'est pas le cas pour L'architecture client-serveur qui continue à fonctionner aussi longtemps que le serveur conserve le service en cours d'exécution.

Chaque architecture a ses points forts et ses points faibles mais nous choisissons d'utiliser les systèmes P2P plutôt que L'architecture client-serveur parce que le premier possède les caractéristiques que nous recherchons.

3.2   Systèmes distribués

Un système distribué illustré par la figure 3.8) est un ensemble hétérogène d'ordinateurs indépendants qui apparaît pour ses utilisateurs comme un seul système cohérent [55].

Un système distribué est un ensemble arbitraire d'unités de calcul *(nœuds)* possédant son propre espace d'adressage, relié en réseau afin qu'ils puissent échanger des messages, coordonner leurs activités et capables de traiter un nombre quelconque de processus.

	client-serveur	Pair-à-Pair
Définition	Un serveur et des clients	Pair est client et serveur
Service /Données	Centralisé	Dispatcher entre pairs
Stabilité	Puissance serveur	Nombre de pairs
Panne serveur	Paralysie de système	Néant
Réalisation	Très onéreux	Peu onéreux
Système	Reparti	Distribué
Sources	[51, 52]	[48, 49, 53, 54]

TABLE 3.1 – Tableau comparatif des architecture client-serveur et P2P

Une autre approche du système distribué le définit comme étant un ensemble des ressources physiques et logiques géographiquement dispersées et reliées par un réseau de communication dans le but est de réaliser une tâche commune. Cet ensemble donne aux utilisateurs une vue unique des données du point de vue logique [50].

La communication entre les différents nœuds se fait au moyen de messages. Il convient, dès lors, de tenir compte du délai de communication entre les différents nœuds [56].

La performance d'un système distribué se révèle son interopérabilité, son extensibilité et de sa tolérance aux fautes.

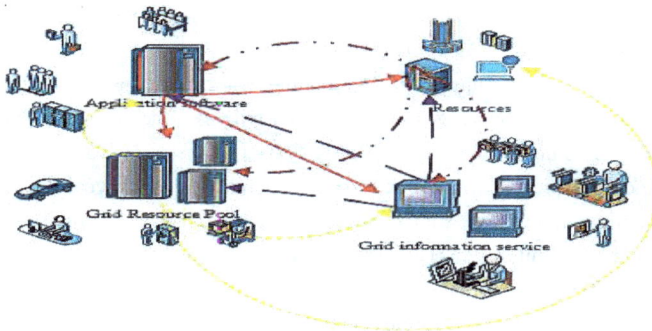

FIGURE 3.8 – Système distribué

3.2.1 Grilles informatique

Une grille informatique est un environnement de systèmes d'exploitation et d'architectures hétérogènes dont l'accès est fourni à l'utilisateur sous une forme unifiée, par un logiciel appelé intergiciel. Un des grands défis des grilles est de s'appuyer sur des infrastructures existantes. Il s'agit donc de fédérer des ressources, soit en quête de ressources disponibles (cycles CPU par exemple), soit pour former une organisation virtuelle [57].

Ian Foster et Karl Kesselman ont posé le paradigme de la grille informatique, comme une infrastructure massivement distribuée pour le calcul scientifique. Cette architecture devait permettre de centraliser différentes ressources distribuées géographiquement et relier entre elles par des réseaux hauts débits. Le principe des clusters a donc été repris, mais élargi [58].

Cette approche permet de pallier le problème des applications scientifiques parallèles, qui sont par nature gourmandes en ressources de calcul. Il peut être intéressant de chercher à les exécuter sur une grille dans le cas où les ressources locales – cluster de laboratoire, centre de calcul – ne suffiraient plus. Il faut alors considérer la grille comme outil d'exécution d'applications parallèles. Des problèmes plus aisément solubles sur des machines parallèles (re) surgissent, comme l'équilibrage de charge. C'est pourquoi, lorsqu'on exécute un code parallèle sur une grille, les performances sont très éloignées de ce que l'on peut obtenir sur une machine massivement parallèle, principalement en raison des réseaux traversés et de l'hétérogénéité des processeurs.

Ainsi, une grille informatique peut être définie comme une infrastructure matérielle et logicielle à grande échelle géographiquement distribuée. Elle est reliée par un réseau internet et rendue homogène aux utilisateurs grâce au *middleware*. La grille informatique est composée de ressources en réseau hétérogènes détenues et partagées par plusieurs organisations administratives qui sont coordonnées pour fournir un support informatique transparent, fiable, omniprésent et cohérent à une large gamme d'applications. Ces applications peuvent effectuer du calcul distribué, du calcul à haut débit, du calcul à la demande, du calcul à forte intensité de données, du calcul collaboratif ou du calcul multimédia [58–60].

D'un point de vue architecturale, la grille peut être définie comme un système distribué constitué de l'agrégation de ressources réparties sur plusieurs sites et mises à disposition par plusieurs organisations différentes [61].

FIGURE 3.9 – Grilles informatique

3.2.2   Nuages informatique

La notion de nuages informatique ou cloud computing fait référence à l'allégorie classique d'internet, souvent représenté sous forme de nuage illustré par la figure 3.10).

La métaphore d'informatique en nuage désigne en réalité un réseau de ressources informatiques, un modèle ou environnement informatique constitué de composantes informatiques (matériels, logiciels, réseaux et services) et des procédures de déploiement de ces composants et qui permet de développer et de fournir des services en nuage accessibles par Internet ou un réseau privé..

Il existe de très nombreuses définitions du Cloud computing, insistant parfois sur les aspects conceptuels, technologiques ou encore économiques. La définition le plus souvent attribuée au National Institute of Standards and Technology (NIST), largement acceptée par la communauté scientifique et industrielle est [62–64] :'Un nuage est un type de système parallèle et distribué constitué d'une collection d'ordinateurs interconnectés et virtualisés qui sont approvisionnés dynamiquement et présentés comme une ou plusieurs ressources informatiques unifiées sur la base d'accords de prestation de services établie par négociation entre le fournisseur de services et les consommateurs'.

Cette définition, corroborée par la plupart des grands acteurs de l'informatique dématérialisée [64], affirme que l'informatique dans les nuages est un paradigme en pleine évolution à l'heure d'aujourd'hui.

Il existe quatre types du Cloud : Cloud public (dédié au grand public, c'est un ensemble de services gratuits ou payants accessibles via internet. Il est proposé par une entreprise qui gère une infrastructure qui lui appartient), Cloud privé (ensemble de ressources à disposition d'un seul client, peut être géré par l'entreprise utilisatrice ou par un prestataire externe), Cloud Communautaire (ressources cloud partagées par plusieurs entreprises ou organisations, peut-être géré par les organisations membres ou par un prestataire externe),

Cloud hybride (permet à l'entreprise de pouvoir approvisionner des services dans multiple cloud soit public, privé ou communautaire) [64, 65].

Le Cloud Computing propose un ensemble de services à savoir : Saas (Software as a service), Paas (Platform as a service), Iaas (Infrastructure as a service), Naas (Network as a service). Iaas fournit des services de calcul et de stockage à la location, en plus du stockage des données dans IaaS les données seront universellement accessibles sur Internet. Paas propose un environnement complet pour le développement et le déploiement des applications. Saas permet l'accès à distance aux logiciels par le biais d'internet. Naas fournit un (des) réseau (s) virtuel (s) aux utilisateurs, avec NaaS, l'utilisateur peut également avoir des réseaux hétérogènes [64, 65].

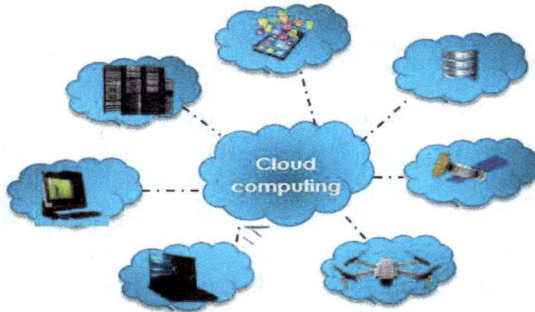

FIGURE 3.10 – Cloud computing environment

3.2.3 Grilles informatique ou Nuages informatique

Le Grid Computing et le Cloud Computing sont des technologies basées sur le réseau qui impliquent le regroupement des ressources.

Le Grid Computing est une architecture informatique distribuée dans laquelle les ressources sont utilisées de manière collaborative et les utilisateurs ne paient pas pour leur utilisation [58].

Le Cloud computing est une architecture informatique client-serveur où les ressources centralisées facilitent l'accebilité aux services. Cependant, le coût d'utilisation rend souvent le cloud inaccessible à la majorité des utilisateurs [62].

Il s'avère donc important de scruter de nouveaux horizons où les utilisateurs pourront partager leurs ressources et leurs informations facilement et librement et faire face aux défis de recherche avec des possibilités d'adhésion et de départ libre et facile.

Pour répondre à cette préoccupation, nous allons étudier les P2P basés sur les DHT qui fournissent un passage à l'échelle et une tolérance aux fautes pour stocker des blocs de données de manière totalement distribuée.

3.3 Tables de Hachage Distribuées

Dans cette section, nous présentons les DHTs qui sont des infrastructures de routage et de localisation reposant sur un modèle P2P décentralisé. Dans un premier temps, nous présentons leur principe général de fonctionnement. Ensuite, nous distinguons plusieurs classes de DHTs et pour chacune d'entre elles, nous détaillons une proposition. La dernière partie est dédiée aux limites des DHTs actuelles et à la présentation d'une nouvelle piste qui est explorée.

3.3.1 Généralités

Une DHT est une technologie permettant la mise en place d'une table de hachage dans un système réparti. Une table de hachage est une structure de données de type (clé, valeur). Chaque donnée est associée à une clé et est distribuée sur le réseau. Les tables de hachage permettent de répartir le stockage de données sur l'ensemble des nœuds du réseau, chaque nœud étant responsable d'une partie des données. Les DHTs fournissent un algorithme pour retrouver le nœud responsable de la donnée et sa valeur à partir de la clé [6, 66].

Les principaux composants d'une DHT sont l'espace des clés, l'algorithme de partitionnement des clés et le réseau superposé. L'espace des clés est l'ensemble de toutes les clés possibles. L'algorithme de partitionnement des clés divise l'espace des clés en différentes partitions, qui sont la responsabilité de différents nœuds. Le réseau superposé relie les nœuds participants de manière à ce que le nœud stockant une clé spécifique et ses données associées puisse être trouvés [67–71].

Les DHT sont largement utilisées dans les systèmes P2P pour la recherche de données, car une DHT ne met en œuvre qu'une seule fonction : rechercher une clé et renvoyer l'ID du nœud responsable de cette clé. Les DHTs présentent de bonnes propriétés qui sont liées à l'utilisation d'un modèle P2P décentralisé : aucun pair ne présente de rôle particulier ou central et chacun agit de manière strictement équivalente. On leur confère ainsi les propriétés attractives, qui peuvent être résumées comme suit :

— l'équilibre de la charge et du trafic : l'utilisation de fonctions de hachage pseudo-aléatoires régulières pour les identifiants de pairs et de clés permet de créer des communautés équilibrées où les pairs ont statistiquement en charge une part égale de ressources à référencer. De plus, cet équilibre de la charge induit l'équilibre du trafic au sein de la communauté, dans l'hypothèse où chaque ressource est sollicitée

39

de manière équivalente.

— le passage à l'échelle : deux caractéristiques confèrent aux DHTs une bonne propriété de scalabilité. La première est liée au nombre moyen de sauts nécessaires au routage des requêtes qui reste petit même dans le cas de communautés comptant un grand nombre de participants. La seconde est relative aux tables de routage qui restent elles aussi d'une taille raisonnable en regard du nombre de participants, à savoir de taille constante $O(1)$ ou de taille logarithmique $O(\log(N))$.

— la robustesse : le départ, l'arrivée ou l'échec de pair cause un minimum de perturbation dans le système et affecte seulement une partie de l'ensemble du réseau. Ce fait résulte de la robustesse du réseau overlay. Cette propriété fait référence à la consistance du réseau [72].

3.3.2 Limites

Les DHTs garantissent aux architectures P2P le passage à l'échelle d'un routage performant, tout en maintenant pour chaque pair une connectivité raisonnable. Cependant, ces structures distribuées établissent certaines limites aux systèmes P2P qui les utilisent. Dans la suite de travail, nous nous limitons aux principaux problèmes auxquels nous chercherons des solutions lors de la mise en œuvre de notre modèle :

1. Équilibrage de la charge entre les nœuds : les clés doivent être réparties de manière égale entre les nœuds participants, de sorte que chaque nœud soit responsable d'environ le même nombre de clés. Cela suppose que chaque nœud dispose à peu près des mêmes ressources locales ; s'ils disposent de ressources inégales, les clés doivent bien entendu être attribuées proportionnellement à la part de la ressource totale revenant au nœud. Ceci peut être réalisé en utilisant un hachage cohérent, comme nous le verrons dans le chapitre 7.

2. Transmission des recherches aux nœuds appropriés : lorsqu'un nœud reçoit une demande de recherche et qu'il ne dispose pas du contenu demandé, il doit transmettre la demande à un nœud qui est plus proche de la clé afin que la demande atteigne le nœud correct. Nous étudierons les performances de recherche de stockage au chapitre 6

3. Construction de tables de routage : chaque nœud garde la trace de certains autres nœuds afin de leur transmettre des demandes. Cela peut être fait de différentes manières. Nous examinerons une implémentation, Cloak-Reduce dans le chapitre 5

3.4 Conclusion

Nous avons présenté dans ce chapitre les architectures de réseaux informatiques, quelques paradigmes de systèmes distribués et des plateformes de stockage et traitements pour Big Data plus ou moins adaptés pour exécuter leurs applications.

Après une description des différentes architectures réseaux informatiques, nous avons effectué une suite d'études comparatives où nous avons porté notre choix sur l'architecture P2P.

Ensuite, nous avons procédé de même pour le Grid computing et le Cloud computing. Tout comme pour le client-serveur et le P2P, nous avons effectué une étude comparative des deux systèmes distribués.

Ses différentes études comparatives furent un véritable tremplin pour notre modèle hybride futur, car certaines de leurs limites nous ont orientées vers les DHTs. Contrairement à HDFS, les DHTs peuvent être utilisées à la fois dans le contexte d'un datacenter ou dans le cadre de plateformes informatique P2P. Cela ouvre de nouvelles possibilités pour la construction de plateformes pour les problèmes de calcul distribué. Les DHTs présentent certes des avantages dans la gestion des départs et des arrivées des nœuds, mais dans son faible coût de mise en place.

Cependant, il nous reste à trouver des solutions pour optimiser son équilibrage de charge et son allocation de tâches.

Chapitre 4

Modélisation et systèmes dynamiques

Sommaire

4.1 Introduction

Vu la complexité des phénomènes réels et la difficulté de les travailler directement sur la réalité, il est nécessaire de traduire ces phénomènes en problèmes mathématiques afin de leur établir des outils mathématiques pour faciliter leur étude, d'où vient l'importance et l'utilité de la modélisation. Nous allons donc nous intéresser dans la première partie de ce chapitre au processus de la modélisation. Dans la seconde section, nous allons définir les systèmes dynamiques et donner quelques notions et outils de base pour leur étude qualitative.

Les systèmes dynamiques font l'objet d'un intérêt croissant depuis des décennies. La simulation constitue l'approche privilégiée pour appréhender à un niveau global l'évolution dans le temps du comportement d'un système dynamique, à partir de la modélisation à un niveau local de ses composantes et de leurs interactions mutuelles à travers les relations et les dynamiques qui les régissent. L'étude de l'évolution de ces systèmes demande typiquement d'intégrer dans le temps (et possiblement dans l'espace) les équations ainsi construites ; or, si celles-ci sont parfois faciles à poser, leur résolution peut mettre en échec les méthodes d'intégration analytiques et nécessiter un passage par les méthodes numériques. Avec des outils technologiques, toujours plus performants, on peut aujourd'hui modéliser et simuler avec un réalisme accru la complexité des systèmes qu'on retrouve aussi bien dans la nature que dans "le monde organisé des hommes".

4.2 Modélisation

L'activité de modélisation commence par l'identification d'un système naturel ou artificiel, existant ou en voie de conception, qui sera le sujet de l'étude. Elle conduit à la création d'un modèle, une représentation abstraite simplifiée du système que nous souhaitons étudier. Ce modèle va alors servir de substitut au système réel pour répondre à des questions sur celui-ci [73].

La modélisation est un processus qui permet de traduire un phénomène réel en un modèle (qu'on devinera ci-dessous) afin de lui appliquer des outils mathématiques, dans le but de décrire et prévoir le comportement de ce phénomène. Modéliser un phénomène réel revient à représenter en un problème mathématique ce qui était exprimé en langage courant auparavant, en utilisant des outils mathématiques [74].

Le modèle est la mise en système d'expressions mathématiques (équations différentielles, polynômes, contraintes) du phénomène en question [74, 75].

4.2.1 Algorithmes de hachage

Le hachage est une opération qui consiste à appliquer une fonction mathématique permettant de créer l'empreinte ou signature numérique d'un message (d'un bloc de données), transformant le message de taille variable en un code de taille fixe, en vue de son authentification ou de son stockage.

La famille des fonctions de hachage la plus connue est la SHA (Secure Hash Standard) qui est développée par la NSA et certifiée par le NIST. Les fonctions SHA256 et SHA-512 sont à ce jour, les plus sûres et les plus utilisées. Le dernier membre de cette famille est la fonction Keccak qui a remporté la compétition de NIST en 2012, et est ainsi devenue le nouveau standard SHA-3 [76].

SHA-512 a été publiée en même temps que SHA-256 et représente son équivalent pour les processeurs 64 bits, qui vont progressivement remplacer ceux de 32 bits dans les ordinateurs. Les mots traités seront donc de taille 64 bits pour profiter pleinement de cette nouvelle architecture. Les autres différences par rapport à SHA-256 concernent la taille de sortie, qui est doublée pour obtenir une fonction fiable sur le long terme, et le nombre d'étapes qui est augmenté. Ainsi, SHA-512 produit des hachés de $n = 512$ bits, mais une version 384 bits a été aussi introduite en même temps. Comme pour SHA-256, deux registres sont mis à jour durant une étape de SHA-512, et nous notons A_i et B_i ces registres cibles. On maintient donc un état interne de $r = 8$ registres de $w = 64$ bits chacun, initialisé par la variable de chaînage d'entrée [77] :

$$A_{-3} = h_3, \qquad A_{-2} = h_2 \qquad A_{-1} = h_1 \qquad A_0 = h_0$$
$$B_{-3} = h_7, \qquad B_{-2} = h_6 \qquad B_{-1} = h_5 \qquad B_0 = h_4$$

À l'exécution de la fonction de compression, 16 mots de message sont traités, avec 80 étapes. L'expansion de message, toujours du type récursif, est similaire à celle de SHA-256 excepté les fonctions σ_0 et σ_1 :

$$W_i = \begin{cases} M_i, & \text{pour } 0 \leq i \leq 15 \\ W_{i-3} \ominus W_{i-8} \oplus W_{i-14} \oplus W_{i-16} & \text{pour } 16 \leq i \leq 79 \end{cases}$$

avec :

$$W_i = \begin{cases} \sigma_0(x) = (x^{>>1}) \oplus (x^{>>8}) \oplus (x^{>>7}) \\ \sigma_1(x) = (x^{>>19}) \oplus (x^{>>61}) \oplus (x^{>>6}) \end{cases}$$

De la même façon que dans SHA-256, durant chaque étape j , les registres cibles A_{j+1} et B_{j+1} sont mis à jour par les fonctions f et g respectivement :

$$A_{i+1} = f(A_i, A_{i-1}, A_{i-2}, A_{i-3}, B_i, B_{i-1}, B_{i-2}, B_{i-3}, W_i, K_i)$$
$$= \Sigma_0(A_i) + MAJ(A_i, A_{i-1}, A_{i-2}) + B_{i-3} + \Sigma_1(B_i) + IF(B_i, B_{i-1}, B_{i-2}) + W_i + K_i,$$

$$B_{i+1} = g(A_i, A_{i-1}, A_{i-2}, A_{i-3}, Bi, B_{i-1}, B_{i-2}, B_{i-3}, W_i, K_i)$$
$$= A_{i-3} + B_{i-3} + \Sigma_1(B_i) + IF(B_i, B_{i-1}, B_{i-2}) + W_i + K_i,$$

45

Où les K_i sont des constantes prédéfinies pour chaque étape et les fonctions MAJ et IF sont des fonctions booléennes. Les fonctions Σ_0 et Σ_1 sont différentes de celles qui sont utilisées dans SHA-256 et sont définies par :

$$\Sigma_0(x) = (x^{>>28}) \oplus (x^{>>34}) \oplus (x^{>>39})$$
$$\Sigma_1(x) = (x^{>>14}) \oplus (x^{>>18}) \oplus (x^{>>41})$$

($\oplus$: XOR = Ou Exclusif, $x >> a$: Opération de décalage vers la droite, où x » n est obtenu en éliminant les n bits les plus à droite du mot x et en complétant le résultat par n zéros à gauche. gauche.)

Enfin, du fait du rebouclage, à la fin des 80 étapes, les mots de la sortie de la fonction de compression sont calculés par :

$$h_0^{'} = A_{80} + A_0, \quad h_1^{'} = A_{79} + A_{-1}, \quad h_2^{'} = A_{80} + A_{-2}, \quad h_3^{'} = A_{80} + A_{-3}$$
$$h_4^{'} = B_{76} + B_0, \quad h_5^{'} = B_{75} + B_{-1}, \quad h_6^{'} = B_{74} + B_{-2}, \quad h_7^{'} = B_{73} + B_{-3}$$

La version 384 bits ne diffère pas de la version 512 bits que par ses valeurs d'initialisation différentes et par sa troncature à la fin de la fonction de compression, pour ainsi obtenir la bonne taille de sortie (les deux derniers blocs $h_6^{'}$ et $h_7^{'}$ sont retirés).

Une représentation visuelle d'une étape est donnée dans la figure 4.1 et les caractéristiques complètes des deux versions de la fonction sont décrites dans [77].

Les remarques sur la sécurité de SHA-256 sont tout aussi valables pour SHA-512, même si l'augmentation du nombre d'étapes et la plus grande taille de sortie semblent la rendre encore plus résistante à des attaques pratiques. Ainsi, SHA-512 peut pour l'instant toujours être utilisée dans des applications cryptographiques.

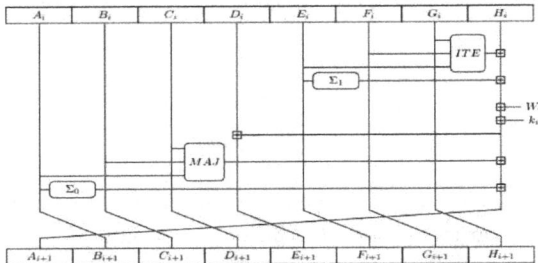

FIGURE 4.1 – Une étape de la fonction de compression de SHA-512 [78]

4.2.2 Virtualisation

La virtualisation consiste à faire fonctionner un ou plusieurs systèmes d'exploitation/applications comme un simple logiciel sur un ou plusieurs ordinateurs-serveurs /

système d'exploitation au lieu de ne pouvoir en installer qu'un seul par machine. Ces ordinateurs virtuels sont appelés serveurs privés virtuels (Virtual Private Server ou VPS) ou encore environnement virtuel (Virtual Environment ou VE) [42].

En d'autres mots, le concept de virtualisation consiste à créer une version virtuelle de quelque chose, plutôt que réelle. C'est une technique qui simule le comportement d'une ressource physique à l'aide d'un logiciel [79]. Les machines virtuelles (VM), sont l'utilisation de techniques de virtualisation sur les ordinateurs ou machines hôtes physiques (HM). Une VM est un programme qui simule un ordinateur complet qui prendra en charge un système d'exploitation conventionnel et utilisera les mêmes fonctionnalités (mémoire, puissance de l'unité centrale, largeur de bande du réseau et capacité de stockage) qu'une HM [80]. La VM, qui n'est qu'un programme informatique, est hébergée sur une machine physique (Figure 4.2). La virtualisation repose sur trois éléments importants :

1. l'abstraction des ressources informatiques ;

2. la répartition des ressources par l'intermédiaire de différents outils, de manière à ce que celles-ci puissent être utilisées par plusieurs environnements virtuels ;

3. la création d'environnements virtuels.

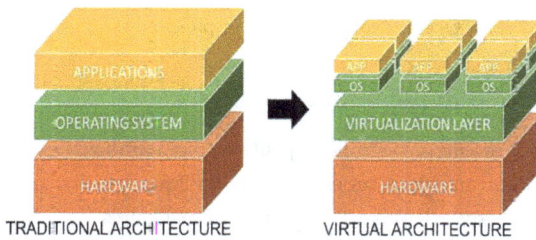

FIGURE 4.2 – Architecture traditionnelle et architecture virtuelle [81]

La virtualisation est une abstraction de matériel physique, utilisée pour générer des ressources virtuelles pour faire fonctionner plusieurs machines virtuelles au sein de la même machine physique. Elle permet de maximiser l'utilisation des ordinateurs tout en minimisant tous les frais généraux associés à la gestion, à la consommation d'énergie, à la maintenance et à l'espace physique.

La virtualisation implique trois composants principaux à savoir un système d'exploitation principal installé sur la machine physique, appelé système hôte, qui joue le rôle d'hôte à d'autres systèmes d'exploitation. Un hyperviseur qui est un outil de virtualisation installé sur le système hôte et qui fournit l'environnement dans lequel différentes machines virtuelles s'exécutent et un système d'exploitation installé dans une machine virtuelle, appelé système invité, qui fonctionne indépendamment des autres systèmes invités dans d'autres machines virtuelles (Figure 4.3).

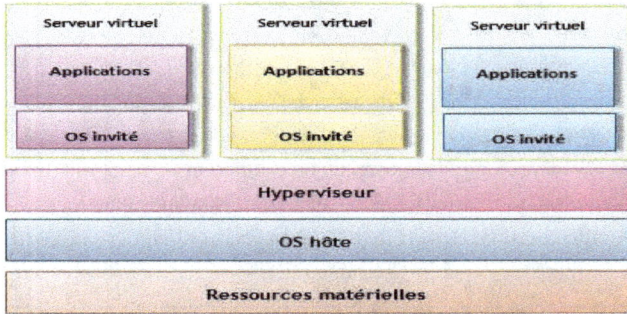

FIGURE 4.3 – Principe de la virtualisation

La virtualisation permet de consolider les centres de données et d'améliorer l'efficacité opérationnelle de l'informatique sous diverses formes, notamment la virtualisation du système d'exploitation (VMware, Xen), la virtualisation du stockage (NAS, SAN), la virtualisation des bases de données et la virtualisation des applications ou des logiciels (Apache Tomcat, JBoss, Oracle App Server,WebSphere) [82].

4.2.3 Géométrie hyperbolique

Calculer dans un monde hyperbolique peut sembler paradoxal quand on " maîtrise" le monde euclidien. Pourtant, dans un espace hyperbolique sans axiome des parallèles, les possibilités théoriques du calcul parallèle sont bien meilleures.

Dans cette partie, nous allons donner une vue d'ensemble du plan hyperbolique et des outils nécessaires pour créer un routage glouton. Ensuite nous expliquerons comment ces outils sont appliqués pour obtenir un routage glouton de manière algorithmique, et nous montrerons la manière dont les degrés de liberté de cette approche algorithmique peuvent être remplis pour améliorer la qualité du routage.

— **Historique :** La géométrie hyperbolique a été introduite par les mathématiciens[1] [83], lorsqu'ils tentaient de démontrer le cinquième postulat d'Euclide (325-265 av. J.-C.) à partir des quatre premiers, qui dit que "deux droites parallèles ne se rencontrent jamais", ce qui se formule autrement par "une droite et un point étant fixés, il existe une droite et une seule passant par ce point et parallèle 'a la droite". Lobatchevsky [84] découvrit que si l'on ne prend pas ce postulat pour hypothèse, alors

---

1. Giovanni Girolamo Saccheri 1667 - 1733, Johann Heinrich Lambert 1728-1777, Carl Friedrich Gauss 1777-1855, Nikolai Lobachevsky 1792-1856, et János Bolyai 1802-1860

d'autres géométries, qui respectent elles-mêmes d'autres postulats, apparaissent, notamment la géométrie hyperbolique ou géométrie de Lobachevsky.

— **Le modèle du disque de Poincaré :** Le disque de Poincaré [85, 86] est un modèle qui représente le plan hyperbolique en le faisant correspondre à l'intérieur d'un disque unitaire euclidien.

Le centre du disque de Poincaré représente une origine du plan hyperbolique choisie arbitrairement. Le cercle qui le délimite s'appelle le cercle limite. Plus un point est proche du cercle limite, plus sa distance à l'origine est grande. Les points situés sur le cercle limite (qui n'appartiennent pas au plan hyperbolique) peuvent être interprétés comme ayant une distance infinie par rapport à l'origine. Ils sont appelés points idéaux. Les lignes droites dans le plan hyperbolique se transforment en arcs de cercle perpendiculaires au cercle limite. Ainsi, chaque ligne droite relie deux points idéaux.

Soit $l_0, ..., l_{k-1}$ les k points idéaux apparaissant dans cet ordre cyclique autour du cercle limite. Le $k-gon$ idéal pour ces points consiste en k lignes, chacune reliant deux points idéaux consécutifs l_i et l_{i+1} (mod k). Ces lignes sont les côtés du $k-gon$ idéal. La figure 4.4 (L) montre un triangle idéal. Les $k-gones$ idéaux que nous considérons sont typiquement réguliers, ce qui signifie qu'ils ont un centre qui a une distance égale à tous les côtés du $k-gone$. Cela équivaut à exiger que les points idéaux soient répartis uniformément sur le cercle de délimitation du disque de Poincaré lorsque le centre du $k-gone$ est utilisé comme origine.

Notez que les côtés d'un $k-gon$ idéal sont des lignes parallèles, car ils ne se coupent pas réellement (les points idéaux ne font pas partie du plan hyperbolique). Ainsi, le triangle idéal de la figure 4.4 (L) sépare le plan hyperbolique en une partie intérieure (qui a en fait une aire constante π) et trois demi-plans qui ne se coupent pas (notez qu'il est impossible d'avoir trois demi-plans qui ne se coupent pas dans le plan euclidien). Pour chacun des trois demi-plans, nous pouvons utiliser sa ligne de démarcation comme l'un des côtés d'un autre triangle idéal qui sépare le demi-plan en une autre partie intérieure et deux autres demi-plans qui ne se coupent pas. L'application récursive de cette étape à tous les demi-plans nouvellement apparut conduit à ce que l'on appelle un pavage $\{\infty, 3\}$, qui divise le plan hyperbolique uniformément en triangles idéaux. Chaque triangle partage chacun de ses côtés avec un autre triangle, et chaque angle fait partie d'une infinité de triangles idéaux. Pour obtenir un pavage symétrique, les triangles idéaux sont choisis de manière à ce que la ligne séparant deux triangles soit la bissectrice perpendiculaire de leurs centres. La Figure 4.4 (R) montre un pavage $\{\infty, 3\}$ dans le disque de Poincaré. En reliant les centres de chaque paire de triangles idéaux adjacents, on obtient le dual

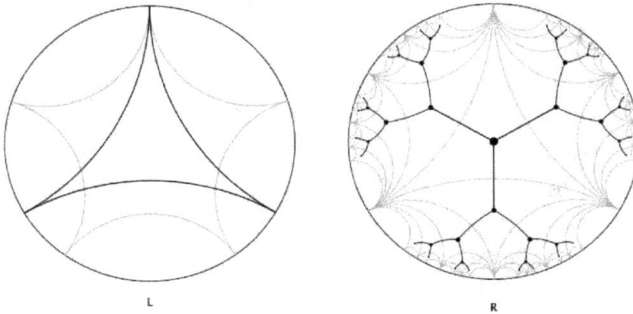

L   R

FIGURE 4.4 – L : Un triangle idéal (noir) et un 5-gone idéal (gris) centrés à l'origine du disque de Poincaré. Tous les côtés d'un polygone idéal sont à égale distance de l'origine. R : Les cinq premiers niveaux d'un pavage $\{\infty, 3\}$ du plan hyperbolique (en gris) et de son dual (en noir) [86].

du pavage $\{\infty, 3\}$: un encastrement de l'arbre binaire complet infini dans lequel chaque arête a la même longueur. Ces énoncés s'étendent directement aux $k - gons$ et aux pavages $\{\infty,k\}$ d'ordre supérieur à 3. Bien que le disque de Poincaré soit bien adapté pour avoir une intuition, nos calculs sont typiquement effectués dans la représentation native. Dans la représentation native, nous utilisons une origine choisie arbitrairement ainsi qu'un rayon partant de l'origine comme référence. Ensuite, chaque point p est identifié par ses coordonnées polaires (r,φ), où r est la distance entre p et l'origine et φ est l'angle entre le rayon de référence et le rayon de l'origine passant par p.

— **Adressage géométrique hyperbolique :** L'adressage du réseau recouvrant s'appuie sur un arbre d'adressage de racine (0,0) construit à l'intérieur d'un cercle unité. Les nœuds du réseau recouvrant sont identifiés, de façon unique, par des coordonnées virtuelles définies dans un plan hyperbolique. On désigne ces adresses par le terme AD_{ov}. Les nœuds du réseau recouvrant se servent en effet de ces coordonnées en vue de s'identifier et de se joindre mutuellement. La représentation du plan hyperbolique utilisée à la figure 4.4 (R) est celle d'une illustration d'un arbre régulier d'ordre trois du disque Poincaré.

Les coordonnées virtuelles des fils sont calculées par leurs parents. Le premier nœud qui s'adjuge les coordonnées (0,0) est la racine de l'arbre d'adressage, et peut ensuite assigner q adresses des (coordonnées hyperboliques) aux nœuds suivants. Le degré ou l'ordre q de l'arbre d'adressage est défini lors de l'initialisation du réseau recouvrant. Subséquemment, chaque nœud ayant rejoint le réseau recouvrant peut, à son tour, attribuer $q-1$ adresses à ses fils. Ce processus exécuté de façon distribuée sur chaque nœud assure que les nœuds ont des coordonnées hyperboliques uniques [6].

Lorsqu'un nœud η rejoint l'overlay [2], les nœuds avec qui il entretient des relations d'adjacence, et dont il connaît donc les adresses IP, lui proposent des coordonnées hyperboliques dérivées de leurs propres coordonnées. Le nœud choisit ensuite les coordonnés (u, v) parmi la liste de coordonnées proposées ; il sera ensuite identifié, de manière unique, dans le réseau recouvrant par ces coordonnées (u, v) ainsi obtenues. Comme précisé ci-dessus, l'algorithme 1 défini de façon formelle le mécanisme utilisé pour déterminer les coordonnées virtuelles proposées à chaque nœud lors de son bootstrap.

Le routage proposé dans le réseau recouvrant est un routage glouton qui s'effectue par utilisation des distances virtuelles hyperboliques. En d'autres termes, l'algorithme de routage s'exécute sur le réseau recouvrant sans avoir recours à l'utilisation des tables de routage traditionnelles. Les opérations de routage se réalisent à la volée en ne tenant compte que de la distance virtuelle qui sépare chaque nœud voisin par rapport au nœud destination. Typiquement, lorsque le nœud η cherche à joindre le nœud ν, il calcule la distance entre son correspondant ν et chacun de ses propres voisins, et il sélectionne, in fine, le voisin v ayant la distance hyperbolique la plus courte avec le nœud destination ν. Mathématiquement, la distance entre deux points u et v quelconques, pris dans l'espace hyperbolique $\mathbb{H}$, est déterminée par l'équation (4.1) :

$$d_{\mathbb{H}}(u, v) = arccosh(1 + 2\lambda) \tag{4.1}$$

Où

$$\lambda = \frac{\| u - v \|^2}{(1 - \| u \|^2) \times (1 - \| v \|^2)} \tag{4.2}$$

Algorithm 1: Determinate the coordinates of a node's children.

1 **procedure** KinshipCoords (node, q)
2 step $\leftarrow$ argcosh$(1/sin(\pi/q))$
3 angle$\leftarrow 2\pi/q$
4 **for** $i = 1$; $i \leq (q - 1)$; $i++$ **do**
5   **if** $i == 0$ **And** node.Coords $!= (0,0)$ **then**
6   continue
7   // node $\neq$ root $\implies (q - 1) = child$
8   **else**
9   kshipCoords.rotationLeft(angle)
10   kshipCoords.translation(step)
11   kshipCoords.rotationRight(π)

2. Cette phase est appelée bootstrap

4.2.4 Sécurité des données avec la couleur RGB

— **Approches pour résoudre les problèmes de sécurité :** Le Big Data concerne le stockage des données, le traitement des données et la récupération des données. De nombreuses technologies sont utilisées à ces fins, comme la gestion de la mémoire, la gestion des transactions, la virtualisation et la mise en réseau. Les problèmes de sécurité de ces technologies sont donc également applicables au Big Data. Les quatre principaux problèmes de sécurité du Big Data sont le niveau d'authentification, le niveau des données, le niveau du réseau et les problèmes génériques [87].

Cette approche concerne les problèmes au niveau des données. Le cryptage des données n'est rien d'autre que la conversion des données en un message secret à l'aide d'algorithmes de cryptage. Il existe de nombreux algorithmes de cryptage comme AES, RSA, DES, ECC. Ces algorithmes utilisent des clés privées pour crypter les données. Le cryptage des données peut être effectué du côté de l'émetteur et le décryptage des données est effectué du côté du récepteur. Pour le décryptage des données, on utilise les mêmes algorithmes que ceux mentionnés ci-dessus. Pour le décryptage des données cryptées, on peut utiliser les mêmes clés privées que celles utilisées pendant le cryptage. Si les données sont sous forme cryptée, le pirate ne peut pas les voler. Si d'une manière ou d'une autre le pirate vole les données, il ne pourra pas les récupérer. Nous allons maintenant discuter des algorithmes de cryptage des données : pour le processus de cryptage/décryptage, on considère aujourd'hui deux types d'algorithmes, à savoir la cryptographie à clé symétrique et la cryptographie à clé asymétrique [88].

  — **Cryptographie à clé symétrique :** Les algorithmes à clé symétrique sont les algorithmes qui utilisent la même clé pour le cryptage et le décryptage. Des exemples d'algorithmes à clé symétrique sont le Data Encryption Standard (DES) et l'Advanced Encryption Standard (AES).

  — **Cryptographie à clé symétrique :** Les algorithmes à clé asymétrique sont les algorithmes qui utilisent des clés différentes pour le cryptage et le décryptage. Des exemples d'algorithme à clé asymétrique sont le Rivest-Shamir-Adleman (RSA) et la cryptographie à courbe elliptique (ECC).

— **Sécurité des données et couleur RGB :** Le modèle de couleur RGB est basé sur les travaux de Thomas Young et Hermann von Helmholtz au 19ème siècle, une théorie de la vision trichromatique des couleurs, et sur le triangle des couleurs de James Clerk Maxwell qui a élaboré cette théorie.

Le nom de ce modèle de couleur vient des initiales des trois couleurs primaires additives, le rouge, le vert et le bleu. Le modèle de couleur RGB est un modèle de couleur dans lequel les lumières rouge, verte et bleue sont additionnées de manière à produire un large éventail de couleurs.

Trois faisceaux lumineux colorés, chacun de couleur rouge, verte et bleue, doivent être superposés pour former une couleur avec le modèle RGB. Chacun des trois faisceaux est appelé une composante de cette couleur, et chacun d'entre eux peut avoir une intensité arbitraire, de complètement éteint à complètement allumé, dans le mélange [89] comme le montre la Figure 4.5 La pleine intensité de chaque composante

Couleur	Code RGB
	(255, 255, 255)
	(255, 0, 0)
	(0, 255, 0)
	(0, 0, 255)
	(255, 255, 0)
	(0, 255, 255)
	(255, 0, 255)
	(192, 192, 192)
	(128, 128, 128)
	(128, 0, 0)

FIGURE 4.5 – Mode de couleur RGB

donne une couleur blanche, tandis que l'intensité nulle pour chacune d'elles donne la couleur la plus sombre, c'est-à-dire aucune lumière, considérée comme une couleur noire. La qualité de la couleur blanche dépend de la nature des sources lumineuses primaires, mais si elles sont correctement équilibrées, le résultat est un blanc neutre correspondant au point blanc du système. Si les intensités de toutes les composantes de la couleur sont identiques, le résultat est une nuance de gris, plus ou moins foncée selon l'intensité. Lorsque les intensités sont différentes, les nuances de couleur sont également plus ou moins saturées, en fonction de la différence entre la plus forte et la plus faible des intensités des couleurs primaires employées.

Dans les ordinateurs, les valeurs des composantes sont souvent stockées sous forme de nombres entiers dans la plage de 0 à 255, soit la plage que peut offrir un seul octet de 8 bits. Elles sont représentées sous forme de nombres décimaux ou hexadécimaux [89].

L'un des objectifs communs des algorithmes cryptographiques est d'assurer la confidentialité et l'authentification. Un algorithme cryptographique est considéré comme étant sécurisé sur le plan informatique s'il ne peut pas être cassé avec des ressources standard. Un cryptosystème efficace peut produire des résultats si la taille de la clé est comparable à la taille du paquet à transmettre sur le réseau [90]. L'algorithme est comparé sur la base de paramètres tels que la longueur de la clé, la taille du bloc, le taux de sécurité et le temps d'exécution, comme indiqué dans le Tableau 4.1.

Facteurs	DES	AES	RSA	ECC
Contributeur	IBM 75	Rijman, Joan [91]	Rivest, Shamir 78 [92, 93]	Neal Koblitz, Victor S. Miller [94, 95]
Longueur clé	56 bits	128, 192 et 256	N=p*q	135 bits
Taille bloc	64 bits	128 bits	Variante	Variante
Taux de sécurité	Pas assez	Excellent	Bon	Passable
Temps d'exécution	Lent	Peu rapide	Très lent	Très rapide

TABLE 4.1 – Comparaison de quelques algorithmes cryptographiques

4.2.5 Simulation

Les simulations sont l'outil le plus populaire pour étudier les réseaux superposés et les applications P2P. Le coût de mise en œuvre est inférieur à celui d'une expérience à grande échelle, car il faut beaucoup moins de ressources informatiques et, s'il est construit avec soin, le modèle simulé peut être plus réaliste que n'importe quel modèle mathématique exploitable [96].

Définition 1. La simulation est une technique de modélisation qui consiste à reproduire le comportement dynamique d'un système sur ordinateur afin de mieux le connaître, de mieux maîtriser son évolution dans le temps dans un environnement donné ; et d'évaluer ses performances [97].

Définition 2. La simulation est l'un des outils d'aide à la décision les plus efficaces à la disposition des concepteurs et des gestionnaires des systèmes complexes. Elle consiste à construire un modèle d'un système réel et à conduire des expériences sur ce modèle afin de comprendre le comportement de ce système et d'en améliorer les performances [98].

Définition 3. La simulation numérique consiste à simuler de manière virtuelle le comportement d'un phénomène physique réel. L'objectif de la simulation est généralement d'être le plus fidèle possible vis-à-vis de la réalité par rapport à un certain nombre de critères. Le résultat de la simulation pouvant avoir soit avoir un caractère prédictif, ou permettant de comprendre un phénomène complexe [99].

La simulation numérique comprend généralement les étapes suivantes :

Mise en place d'un modèle théorique du phénomène réel : Le modèle pouvant être basé sur des théorie, sur des statistiques, ou de l'empirisme. Celui-ci vient généralement décrire les principes locales ou globales du phénomène sous forme d'équations, le plus souvent différentielles.

Mise en place d'un algorithme de résolution : Une fois les équations connues, il est alors nécessaire de définir une approche permettant de les résoudre. Cela peut être des méthodes de résolution numérique d'équations différentielles, ou encore d'optimisation numérique. Cette étape réalise le lien entre la modélisation théorique et l'implémentation pratique.

Implémentation du code de calcul : Une fois l'algorithme de résolution déterminé, celui-ci doit être implémenté sur les données nécessaires à la simulation. Cette étape comprend généralement le développement d'un code permettant de réaliser le calcul de manière idéal. En fonction du projet et de la taille des données, cela peut aller de la mise en place rapide d'un script, au développement d'un logiciel complet, ou de la mise en place d'un code de calcul à haute performance sur supercalculateur.

Analyse et/ou visualisation du résultat : Une fois le calcul terminé, il est nécessaire d'analyser les données. Cela peut aller d'une simple courbe, au calcul statistique avancé, ou encore à la visualisation de données complexes.

4.2.6 PeerSim

PeerSim [100] a été partiellement développé dans le cadre du projet BISON [3]. C'est un simulateur basé sur Java dont l'objectif principal est de fournir une grande évolutivité, avec des tailles de réseau allant jusqu'à 10^6 nœuds ce qui caractérise sa dynamicité et extensibilité. Sa modularité facilite le codage de nouvelle application. Le fichier de configuration de PeerSim dispose trois types de composants :

— des protocoles : ils définissent un comportement de noeud.

— des dynamics : ils permettent de définir le réseau.

— des observers : ils permettent d'observer la simulation.

PeerSim peut simuler des superpositions structurées et non structurées, en évitant de nombreux paramètres de réseau sous-jacents et simule une abstraction du réseau superposé. PeerSim supporte des modèles de simulation basés sur des cycles et des événements. Ce dernier modèle peut supporter la concurrence, mais ne supporte pas la simulation distribuée. Les bibliothèques de composants ont été principalement conçues pour s'adapter aux protocoles de superposition de type graphe. Ainsi, certaines modifications des composants existants ou le codage de composants supplémentaires doivent être pris en compte pour la mise en œuvre d'autres protocoles.

---

3. http ://www.cs.unibo.it/bison/

La conception de PeerSim (Figure 4.6) permet une programmation modulaire basée sur des objets. Cependant, dans plusieurs cas, les interfaces ou modules prédéfinis peuvent contenir certaines déclarations (propriétés et méthodes) qui ne sont ni pertinentes ni adaptées à la mise en œuvre d'un certain protocole. La mise en œuvre d'un algorithme de superposition exige que l'algorithme soit modifié pour se conformer à l'interface du simulateur. Le modèle basé sur les cycles fournit une simulation moins réaliste mais plus efficace que le modèle basé sur les événements. PeerSim est configuré à l'aide d'un fichier texte simple. L'ordonnancement et les valeurs des paramètres pour chacun des composants peuvent être ajustés, mais certaines limitations, comme l'ordonnancement simple pour le composant ordonnanceur, nécessitent une modification du code.

PeerSim ne fournit pas d'interface utilisateur graphique ni d'outils de débogage. Bien qu'il offre des composants pour les statistiques courantes, un codage supplémentaire pour la collecte de données définies par l'utilisateur est toujours nécessaire.

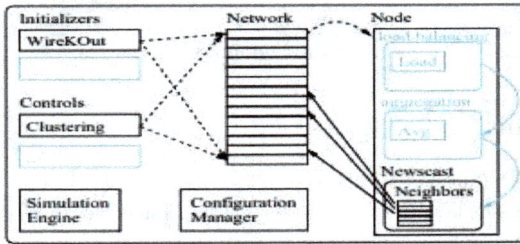

FIGURE 4.6 – Composants et composants supplémentaires (couleur claire) de PeerSim [100]

4.3 Systèmes dynamiques

Le concept de système dynamique est une formalisation mathématique pour toute "règle" fixe qui décrit la dépendance temporelle de la position d'un point dans son espace ambiant. Le concept unifie des types très différents de telles "règles" en mathématiques : les différents choix faits pour la façon de mesurer le temps et les propriétés spéciales de l'espace ambiant peuvent donner une idée de l'étendue de la classe d'objets décrits par ce concept [101].

On distingue trois classes de systèmes dynamiques [102] : déterministes, stochastiques (ou non détermisites) et semi-déterministes.

4.3.1 Routage dans les réseaux informatiques

Le routage est un processus qui permet de sélectionner des chemins dans un réseau pour transmettre des données depuis un expéditeur jusqu'à un ou plusieurs destinataires [4].

Le routage permet le transfert d'un message depuis l'émetteur vers le receveur. C'est une stratégie qui permet, à n'importe quel moment de trouver le meilleur chemin entre deux nœuds du réseau [103].

Le routage est l'une des opérations les plus importantes du réseau informatique dans lequel le paquet de données est déplacé de la source à la destination en utilisant un chemin optimisé avec un délai faible ; le chemin est élu à l'aide de techniques de routage. Il existe différents types de routage et chaque type de routage convient le mieux un type de réseau [104, 105].

— **Statique :** Réseaux de petite taille, hôtes qui obtiennent leurs routes d'un routeur par défaut et routeurs par défaut qui n'ont besoin de connaître qu'un ou deux routeurs sur les quelques sauts suivants.

— **Dynamique :** Interréseaux volumineux, routeurs sur des réseaux locaux comportant de nombreux hôtes et hôtes sur des systèmes autonomes d'envergure. Le routage dynamique représente le meilleur choix pour les systèmes résidant sur la plupart des réseaux.

— **Hybride :** Routeurs effectuant la connexion entre un réseau au routage statique et un réseau au routage dynamique, et routeurs de bordure reliant un système interne autonome aux réseaux externes. La combinaison routage statique et routage dynamique est pratique courante.

Dans le routage statique, les informations de routage sont mises à jour manuellement tandis que dans le routage dynamique, les informations sont automatiquement mises à jour à l'aide de protocoles [104].

Les politiques de routage étant conçus dans l'objectif d'optimisation de consommation de la bande passante, le rôle principal d'un protocole de routage est de découvrir dynamiquement les routes vers les réseaux d'un inter-réseau et les inscrire dans la table de routage sur routeur. S'il existe plus d'une route vers un réseau, inscrire la meilleure route dans la table de routage. Ensuite détecter les routes qui ne sont plus valides et les supprimer de la table de routage. Et pour finir ajouter le plus rapidement possible de nouvelles routes ou remplacer le plus rapidement les routes perdues par la meilleure route actuellement disponible [106].

La table de routage (Tableau 4.2) est une table de correspondance entre l'adresse de la machine visée et le noeud suivant auquel le routeur doit délivrer le message. En réalité

---

4. https ://www.larousse.fr/dictionnaires/francais/routage/70108

il suffit que le message soit délivré sur le réseau qui contient la machine, il n'est donc pas nécessaire de stocker l'adresse IP complète de la machine : seul l'identificateur du réseau de l'adresse IP (ID réseau) a besoin d'être stocké [107].

Adresse de destination	Adresse du prochain routeur directement accessible ou Passerelle	Interface
168.89.144.65	192.168.0.1	2
80.87.90.120	192.168.0.1	2
41.207.252.0	196.201.76.21	3
160.119.58.148	197.155.129.1	1

TABLE 4.2 – Table de routage simplifiée

La taille d'une table de routage dépend de la taille du réseau. Par conséquent, afin d'accélérer la recherche de correspondances parmi les entrées d'une table, il est préférable que sa taille soit réduite.

Dans la suite de notre travail, nous intéressons au routage géométrique dans un plan hyperbolique et basé sur les mêmes principes que le routage géométrique classique (euclidien) [6] . La différence réside dans le plongement du graphe, chaque nœud a des coordonnées dans un plan hyperbolique. L'avantage de cette technique est que tout graphe connexe fini a un plongement glouton dans un plan hyperbolique. La preuve de ce théorème est constructive, Kleinberg décrit un algorithme distribué qui attribue des positions dans un plan hyperbolique à chacun des nœuds du graphe en garantissant que le routage glouton classique réussi pour tout couple de nœuds. Indépendamment du coût de construction du plongement géométrique (non abordé ici), le routage géométrique souffre donc d'un manque de garanties concernant l'étirement du routage [6].

4.3.2 Passage à l'échelle

Le Passage à l'échelle ou scalabilité [108, 109] désigne la capacité d'un algorithme à traiter avec la même efficacité des volumes de données de taille arbitraire. Généralement, le temps d'exécution de tels algorithmes évolue linéairement en fonction de la taille des données en entrée. En français, plusieurs traductions sont possibles pour l'adjectif scalable : évolutif, extensible, faisable, échelonnable, etc.

Le concept de passage à l'échelle [109] désigne la capacité d'un système à continuer à délivrer avec un temps de réponse constant un service même si le nombre de clients ou de données augmente de manière importante. Le passage à l'échelle peut être mesuré avec au moins trois dimensions à savoir la taille du réseau ou le nombre de noeuds, la distance géographique ou maximale physique qui sépare les noeuds ou ressources du système et le nombre de domaines administratifs.

Nous utilisons le terme échelonnable pour décrire un algorithme capable de traiter des volumes de données de taille arbitraire tout en maintenant un temps d'exécution linéaire ou linéarithmique et en assurant des résultats identiques à ceux obtenus dans le cas où les données peuvent être stockées en mémoire. L'action consistant à développer un algorithme échelonnable à partir d'un algorithme classique est définie par le terme de passage à l'échelle dans la suite de ce manuscrit.

4.3.3 Équilibrage de charges

L'équilibrage de charge est une technique importante pour améliorer les performances des systèmes. Son objectif est d'accroître l'utilisation des ressources, de réduire le temps de réponse et la surcharge de certains nœuds. Il peut être réalisé par différentes approches avec différents degrés d'efficacité [110].

Nous pouvons distinguer entre deux types d'équilibrage de charge [111,112] : statique et dynamique. Ces approches sont généralement développées pour un environnement système particulier ou une application particulièrement gourmande avec différentes hypothèses et contraintes.

Le problème de l'équilibrage étant un problème relativement ancien, beaucoup d'approches ont été proposées pour le résoudre. Casavant et Kuhl ont défini une taxonomie largement adoptée par la communauté scientifique dont les principales classes sont [110–113] :

1. **Approche statique Vs. approche dynamique :** Dans une approche statique, les tâches sont assignées aux machines avant l'exécution de l'application qui les contient. Les informations concernant le temps d'exécution des tâches et les caractéristiques dynamiques des machines sont supposées connues a priori. Cette approche est efficace et simple à mettre en œuvre lorsque la charge de travail est au préalable suffisamment bien caractérisée. Dans une approche dynamique, l'assignation des tâches aux machines se décide durant la phase d'exécution, en fonction des informations qui sont collectées sur l'état de charge du système. Ceci permet d'améliorer les performances d'exécution des tâches mais au prix d'une complexité dans la mise en œuvre de cette stratégie, notamment en ce qui concerne la définition de l'état de charge du système, qui doit se faire de manière continue.

2. **Approche centralisée Vs. approche distribuée :** Dans une approche centralisée, un site du système est choisi comme coordinateur. Il reçoit les informations de charge de tous les autres sites qu'il assemble pour obtenir l'état de charge global du système. Dans le cas d'une approche distribuée, chaque site du système est responsable de collecter les informations de charge sur les autres sites et de les rassembler pour obtenir l'état global du système. Les décisions de placement de tâches sont prises

localement, étant donné que tous les sites ont la même perception de la charge globale du système.

3. **Approche source-initiative Vs. receveur-initiative** [143] : L'approche source-initiative est appliquée lorsqu'un site, appelé source, détecte qu'il a une surcharge de travail et qu'il cherche à transférer le surplus vers un site faiblement chargé. L'approche receveur initiative s'applique lorsqu'un site faiblement chargé, appelé receveur, demande à recevoir tout ou partie du surplus des sites surchargés.

4.3.4 Réplication des données

Pour satisfaire des exigences de performances, certaines applications utilisent des solutions qui répliquent les données sur des nœuds du réseau suivant différentes approches [115]. La réplication de données est une technique souvent utilisée par des applications distribuées pour améliorer la fiabilité, la tolérance aux pannes, l'accessibilité et augmenter la disponibilité des données.

Elle consiste à créer des copies d'une donnée et de les stocker dans des endroits différents, en mettant en œuvre un processus de création et de placement des copies. La phase de création consiste à reproduire la structure et l'état des entités répliquées, tandis que la phase de placement consiste à choisir, en fonction des objectifs de la réplication, le bon emplacement de cette nouvelle reproduction [116].

Un système de réplication offre un service qui s'occupe de créer les répliques manipulées par une application sur différents sites de l'environnement d'exécution. De plus, la réplication permet de distribuer la charge de travail sur différents nœuds possédants une réplique. Par conséquent, le contexte d'exécution doit être pris en compte dans la gestion de données répliquées afin de choisir la configuration appropriée et de mieux satisfaire les exigences de l'application comme la réduction du temps d'accès aux données dans l'environnement d'exécution du système de réplication qui est généralement fluctuant en fonction du temps et des besoins [115–118].

Ainsi, la nécessité de se demander si répliquer toutes les données partout constitue une bonne solution à cause des contraintes de stockage et de bande passante ? L'élaboration d'une stratégie de réplication ne devient-elle donc pas nécessaire pour optimiser la réplication de données ? Quelles données doivent être répliquées, quand une réplique doit être créée / supprimée, combien de répliques doivent être créées et où placer une nouvelle réplique ?

Ses différentes préoccupations font l'objet d'une étude pour la mise de notre plateforme CLOAK-Reduce au chapitre 6.

4.4 Conclusion

En l'absence d'un processus mettant des données fiables à disposition, il est quasiment impossible de s'assurer que les informations exploitées dans leurs prises de décisions soient réellement pertinentes. Dans ce contexte, la modélisation informatique des données est d'une importance capitale, car elle va établir la structure des données disponibles, une approche théorique des outils de traitement, tout en établissant un processus de limitation des erreurs.

La dynamique est un processus évolutif dans le temps, l'ensemble des équations décrivant cette dynamique est appelé un système dynamique. Un système dynamique est un modèle mathématique qui décrit un phénomène évoluant dans le temps. Un système dynamique est dit déterministe lorsqu'il est possible de prédire son évolution au cours du temps en connaissant son état à un instant donné.

Nous avons vu, le long de ce chapitre, un ensemble des éléments ayant servi de tremplin pour l'implémentation de notre plateforme logicielle CLOAK-Reduce.

Deuxième partie

Contributions

Chapitre 5

Architecture et fonctionnement de CLOAK-Reduce

Sommaire

5.1 Introduction

Le Big Data fascine par les potentialités qu'il suggère en matière de performance organisationnelle et de prise de décision stratégique [15,44]. Cette massification de données rend leur analyse fastidieuse et leur sécurité, une priorité. Pour répondre au défi généré par le Big Data, Google MapReduce est rapidement devenu une référence. Il s'agit d'un environnement simple, évolutif et tolérant aux pannes qui permet aux utilisateurs, un traitement parallélisé des données massives distribuées afin d'en extraire de nouvelles connaissances.

Cependant, des études récentes ont montré les limites du système de gestion des fichiers de Hadoop MapReduce [119] et ont proposé les DHT comme une solution aux incidents qui pourraient impacter le monde numérique. Nous présentons notre architecture inspirée de la

DHT CLOAK [6] à laquelle nous ajouterons certaines propriétés de l'imagerie numérique [88] pour une meilleure gestion des données et nous terminerons par une comparaison intuitive de notre modèle avec les modèles existants.

Nous proposons dans ce chapitre une plateforme de stockage distribuée et de traitement parallélisé, libre de toute topologie et implantant une couche de routage par clé. Pour ce faire, nous appuierons sur une extension de la table de hachage distribué exploitant les fondements de l'imagerie numérique et les principes de la géométrie hyperbolique. Il est construit sur une couche de routage pour une DHT extensible et fiable afin de créer et de gérer de nouvelles applications de l'internet.

5.2 Généralités sur la DHT CLOAK

5.2.1 Principes et fonctionnement

CLOAK est une DHT basée sur un arbre hyperbolique construit dans l'espace hyperbolique *(Hyperboloïde)* et projeté de manière stéréographique dans le disque de Poincaré (plan Euclidien) de rayon 1 centré à l'origine. chaque nœud de l'arbre utilise un système de coordonnées virtuelles [6].

La DHT CLOAK utilise un adressage local et un routage glouton qui s'effectue par l'utilisation des distances virtuelles hyperboliques. Les opérations de routage se réalisent en ne tenant compte que de la distance virtuelle qui sépare chaque nœud voisin par rapport au nœud destination. Lorsqu'un nœud η cherche à joindre le réseau, il calcule la distance entre son correspondant μ et chacun de ses propres voisins, et il sélectionne, *in fine*, le voisin v ayant la distance hyperbolique la plus courte.

Mathématiquement, la distance entre deux points u et v quelconques, pris dans l'espace hyperbolique $\mathbb{H}$, est déterminée par l'équation 5.1 :

$$d_{\mathbb{H}}(u,v) = arccosh(1 + 2\lambda) \quad avec \quad \lambda = \frac{|v - u|^2}{(1 - |u|^2) * (1 - |v|^2)} \tag{5.1}$$

Comme tout DHT, ses informations sont stockées sous la forme de paires (clé, valeur) de manière équilibrée sur tous les nœuds du réseau recouvrant.

Cependant, dans la DHT CLOAK, tous les nœuds du réseau recouvrant ne stockeront pas forcément des paires. Seuls les stockeurs sont les nœuds du réseau recouvrant qui stockent des paires. Dans une DHT CLOAK, les requêtes de stockage sont nommées STORE et les requêtes de recherche sont nommées LOOKUP. La figure 5.1 montre comment et où une paire donnée est stockée dans le réseau recouvrant.

Comme tout DHT, ses informations sont stockées sous la forme de paires (clé, valeur) de manières équilibrée sur tous les nœuds du réseau recouvrant. Cependant, dans la DHT

CLOAK, tous les nœuds du réseau recouvrant ne stockeront pas forcément des paires. Seuls les stockeurs sont les nœuds du réseau recouvrant qui stockent des paires. Dans une DHT CLOAK, les requêtes de stockage sont nommées STORE et les requêtes de recherche sont nommées LOOKUP. La Figure 5.1 montre comment et où une paire donnée est stockée dans le réseau recouvrant. La profondeur d'un nœud dans l'arbre d'adressage est définie comme étant le nombre de nœuds ascendants à traverser avant d'atteindre la racine de l'arbre (incluant la racine elle-même). Lorsqu'un réseau recouvrant est créé, une profondeur maximale p_{max} est choisie. Cette valeur est définie comme étant la profondeur maximale que peut avoir n'importe quel stockeur de l'arbre. Tous les nœuds qui ont une profondeur inférieure ou égale à p_{max} peuvent stocker des paires (clé, valeur) et être ainsi des stockeurs. Tous les nœuds qui ont une profondeur supérieure à p_{max} ne stockent pas de paires.

$$\alpha = 2\pi \times \frac{subkey\ 32\ bits}{0 \times FFFFFFFF} \tag{5.2}$$

$$v(x\ y)\ avec \begin{cases} x = sin(\alpha) \\ y = cos(\alpha) \end{cases} \tag{5.3}$$

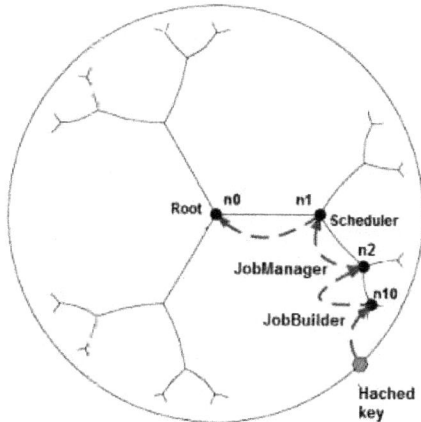

FIGURE 5.1 – DHT Basée sur la Géométrie Hyperbolique

5.2.2 Comparaison des caractéristiques théoriques

Les caractéristiques des DHTs ont fait l'objet de nombreuses études, nous présentons dans cette section les premières générations de DHT avec quelques-unes de leurs spécificités [67–71] :

— Chord [67] organise son espace d'adressage dont les 2^m adresses possibles (identifiant, id) sont ordonnées à la date suivante sur sa circonférence. Les paires et les ressources ont un identifiant (fonction de hachage SHA-1 m = 160 bits), garantissant une distribution homogène des ressources.

— SkipNet [68] prend en charge l'acheminement efficace des messages entre les nœuds de recouvrement, le placement du contenu, la localisation des chemins et l'équilibrage de la charge sous contrainte. Elle est conçue pour offrir les mêmes fonctionnalités que les réseaux superposés P2P existants, mais aussi pour améliorer la disponibilité du contenu grâce à un contrôle explicite du placement du contenu.

— Pastry [69] minimise le chemin du message en termes de nombre de sauts IP. Un nœud Pastry est associé à une clé nodeID de 128 bits, générée aléatoirement avec une fonction de hachage, et les nœuds forment ainsi un espace de nommage circulaire de $[0, 2^{128} - 1[$.

— Kademlia (kad) [70] garantit qu'un nœud a au moins un contact dans chaque sous-arbre, ce contact étant celui qui a le plus de contacts dans chaque sous-arbre ; il peut trouver tout autre nœud dont l'identifiant est différent du sien.

5.2.3 Coûts liés aux opérations dans CLOAK

Les études résumées dans le tableau 5.1 concernant le taux de succès, le nombre moyen de sauts overlay, la latence moyenne, la valence moyenne, les overheads et la taille des tables de stockage indique clairement que la DHT CLOAK est scalable et flexible [114].

En faisant abstraction des liens redondants qui ne sont pas représentés dans l'arbre d'adressage mais qui offrent des chemins alternatifs, la distance moyenne entre deux nœuds du DHT CLOAK serait égale O(log(log n)), comme formellement prouvé dans [6].

Cependant, en tenant compte des répliques, cette même distance deviendrait O(log n). Aussi, lorsqu'un nœud rejoint ou quitte-t-il le réseau recouvrant, seuls les nœuds qui lui sont adjacents se mettent à jour ce qui n'affecte pas l'ensemble du réseau, mais seulement une partie. Cet ajout ou départ de nœud a un coût qui est fonction de la profondeur au nœud et non du nombre de nœuds du nombre de nœuds contenus sur le réseau. Cette valeur est donc de l'ordre de O(1). Il faut toutefois préciser que, comme indiqué dans [114], si l'arbre d'adressage se rompt et que certains nœuds deviennent injoignables alors un ré-adressage partiel s'impose. Le coût relatif à l'échange des messages nécessaires pour la restauration de l'arbre d'adressage s'élève alors à O(n), dans le pire des cas.

Ce scénario-catastrophe nous amène à réfléchir à l'amélioration des algorithmes de réplication circulaire et radiale et aux éventuelles stratégies d'équilibrage de charge et d'allocation de tâches. L'idée serait de combiner des éléments pouvant nous permettre de reconstituer avec notre DHT en réduisant le coût de communication. Ainsi, au niveau application, les utilisateurs en fonction de leurs centres d'intérêts auraient des descripteurs et ainsi, l'algorithme de réplication partant de ces descritpteurs pourrait créer en fonction de la popularité de données, des répliques là elles sont les plus utiles. Cela aura pour conséquence d'une part de diminuer le trafic réseau et d'autre part de réduire les temps d'accès à l'information.

DHT	Sauts	Chemin	État	Churn
CLOAK [6]	$O(log(n))$	$O(log(n)/n)$	$O(1)$	$O(1)/O(n)$
Chord [67]	$O(log(n))$	$O(log(n)/n)$	$O(log(n))$	$O(log^2(n))$
Kademlia [70]	$O(log(n))$	$O(log(n)/n)$	$O(log(n))$	$O(log(n))$
Pastry [69]	O(log(n))	O(log(n)/n)	O(log(n))	O(log(n))

TABLE 5.1 – Comparaison des performances de quelques DHTs

5.3 Architecture de CLOAK-Reduce

L'architecture logicielle décrit d'une manière symbolique et schématique les différents éléments d'un ou de plusieurs systèmes informatiques, leurs interrelations et leurs inter-actions. Contrairement aux spécifications produites par l'analyse fonctionnelle, le modèle d'architecture, produit lors de la phase de conception, ne décrit pas ce que doit réaliser un système informatique, mais plutôt comment il doit être conçu de manière à répondre aux spécifications. L'analyse décrit le "quoi faire" alors que l'architecture décrit le "comment le faire".

Cette section est consacrée à une description de l'architecture de CLOAK-Redure à travers son principe de stockage et son évaluation formelle.

5.3.1 Principes de stockage

Étape 1 : description

label A chaque objet Big Data est associé une génération d'une clé (*Object IDentifier* OID en anglais) de 512 bits suivant le principe de (*Global Unique Identifier* GUI en anglais). Soit O_i un objet nous avons $OID(O_i) = Key(512 bits)$.

Étape 2 : La clé de 512 bits de l'objet à stocker est divisé séquentiellement en deux parties de 256 bits chacune (appelé sous-clé de l'objet (*subkey*(256)).

Étape 3 : Chaque sous-clé est mappé comme suit :

- 24 premiers bits servent à déterminer le code de couleur RGB d'un voxel de coordonnées (X_i, Y_i, Z_i) dans l'hyperboloïde.

69

- Respectivement les 64 bits suivants en décimale détermine la valeur de la coordonnée X_i puis il en est de même pour les deux séries de 64 bits suivants qui permettent de calculer Y_i, Z_i.

- Notons P_1 le voxel coloré par le code des 24 premiers bits de la première série de 256 bits.

- Notons P_2 le voxel coloré construit à partir de la seconde série de 256 bits de la clé O_i.

- Ainsi le couple (P_1, P_2) est unique pour chaque objet à stocker dans notre structure.

Étape 4 : Pour chaque sous-clé après avoir déterminer de code couleur RGB avec les 24 premiers bits puis les coordonnées (X_i, Y_i, Z_i) sur (64+64+64) bits = 192 bits, il reste 40 bits. Les 40 bits seront fractionnés en deux et serviront à calculer les coordonnées des points $V_{i1}(x_{i1}, y_{i1})$ et $V_{i2}(x_{i2}, y_{i2})$ qui représente l'emplacement des données sur le disque de Poincaré de rayon **1** ouvert.

Étape 5 : Comme $x_{i1}, x_{i2}, y_{i1}, y_{i2}$ doivent être à l'intérieur du disque de Poincaré, alors $|x_{i1}| < 1, |x_{i2}| < 1, |y_{i1}| < 1, |y_{i2}| < 1$. Pour se faire, nous effectuons la transformation suivante :
Soit $x_{i1} = 01000110001100011100 = 20\ bits$. Nous posons $|x_{i1}| = \dfrac{01000110001100011100}{11111111111111111111} < 1$

Étape 6 : Dans le mécanisme de stockage distribué, l'objet O_i est stocké sur le nœud n_i le plus proche V_{i1} puis répliquer dans le nœud n_j le plus proche de V_{i2} selon un processus de routage glouton.

Étape 7 : Dans le modèle du disque de Poincaré, l'arbre hyperbolique est scalable [6]. La figure 5.2 illustre le processus de stockage d'objet dans un système à base de DHT.

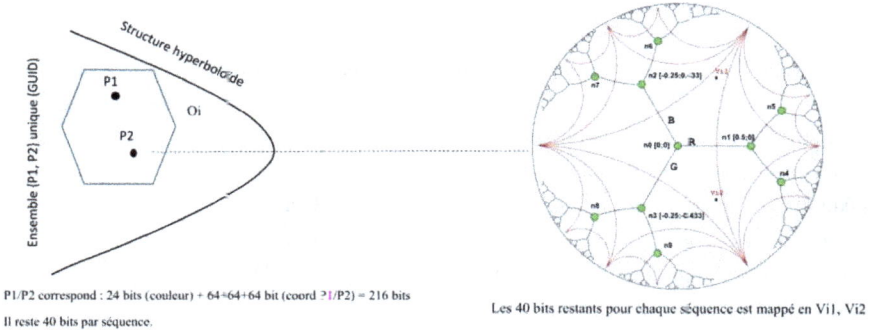

P1/P2 correspond : 24 bits (couleur) + 64+64+64 bit (coord P1/P2) = 216 bits

Il reste 40 bits par séquence.

Les 40 bits restants pour chaque séquence est mappé en Vi1, Vi2

FIGURE 5.2 – Stockage de données massives dans une structure DHT MapReduce

5.3.2 Évaluation formelle de notre modèle DHT-Mapreduce

Les solutions existantes nécessitent souvent une topologie prédéfinie (Anneau, Anneau/Plaxton, Hypercube, liste chainée) et des tables de routage, ce qui entraîne souvent une forte consommation de bande passante et une latence élevée [6, 119, 127].

Notre architecture ne porte aucune contrainte liée à une topologie ou une table de routage. Elle utilise un algorithme de routage glouton basé sur des coordonnées virtuelles issues du plan hyperbolique dont les performances ont été prouvées [6].

Ainsi, il nous permettra de résoudre le problème de latence dans les traitements MapReduce en donnant un grand nombre de nœuds (par exemple de l'ordre de 108), résultant d'un adressage virtuel en couleur RGB d'un voxel de coordonnées (X_i, Y_i, Z_i) dans l'hyperboloïde, qui relaieront au nœud maître le suivi progressif de tous les nœuds de calcul, afin d'éviter les goulots d'étranglement lorsque le nombre de nœuds de calcul augmente. Ainsi, nous pourrons surmonter les problèmes matériels et logiciels des solutions susmentionnées ou propriétaires et fournir un modèle à deux niveaux de sauvegarde des données et de sécurité du traitement parallèle.

5.4 Conclusion

Notre étude intuitive nous a permis de montrer que notre modèle de stockage distribué et de traitement parallélisé correspond parfaitement aux contraintes du Big Data.

CLOAK-Reduce est un modèle sans contrainte topologique contrairement à la plupart des modèles existants. Il est à la fois robuste et efficace. Il permet une auto-organisation et une gestion optimale des nœuds dans sa conception théorique, qualités dérivées du modèle initial. De plus, l'ajout des fondements de l'imagerie numérique, nous a permis de garantir un meilleur stockage distribué et une sécularisation des données l'accès aux données d'une manière théorique qui devrait être simulé.

CLOAK-Reduce, est une plateforme hiérarchique, décentralisée, évolutive, avec plusieurs niveaux d'équilibrages de charge et extrêmement tolérant aux déséquilibres et aux défaillances de nœuds en tout point du réseau.

La principale contribution de notre travail est de fournir un mécanisme autonome d'équilibrage de la charge en associant à la DHT CLOAK initiale une capacité de réplication des nœuds. Ainsi, plusieurs nœuds élus seront responsables de l'exécution des tâches MapReduce, de la sauvegarde et de la récupération en cas de défaillance des autres nœuds élus.

Dans le chapitre suivant, nous allons implémenter une version entièrement fonctionnelle de CLOAK-Reduce et effectuer des expériences détaillées pour tester ses mécanismes de réplication et sa stratégie d'équilibrage de charge.

Chapitre 6

Évaluation du mécanisme de réplication de CLOAK-Reduce

Sommaire

6.1 Introduction

Avec l'explosion du volume d'informations, de nouveaux domaines technologiques sont apparus, offrant une alternative aux solutions traditionnelles de stockage et de traitement de données. Les données générées nécessitent des serveurs dotés de très grandes capacités de stockage et de puissance de traitement très importante, qui ne sont pas réalisables à des coûts raisonnables.

Cette étude se focalise sur une approche de stockage distribué et de traitement parallélisé pour surmonter les limites des serveurs dotés grandes capacités de stockage et de puissance de traitement. Ainsi, la solution permettrait de s'affranchir d'une équation de coût par rapport aux besoins d'innovation induit par le Big Data.

Notre objectif étant de concevoir un modèle de stockage distribué et de traitement parallélisé de données inspiré de la DHT CLOAK [6] et de MapReduce [7,8]. Nous consacrons ce chapitre à une l'évaluation des mécanismes de réplication dudit modèle. Les indicateurs de performance qui ont fait objet de cette évaluation sont le nombre moyen de sauts de stockage et de recherche et le taux de succès du stockage et de recherche d'objets Big Data.

Notre approche est basée sur l'étude des indicateurs de performance, à partir d'analyses de mesures collectées après simulation. L'interprétation des résultats de l'analyse de la collecte, nous a permis de proposer un mécanisme réplication adéquat pour notre plateforme.

6.2 Mécanismes de réplications de la DHT CLOAK

La DHT CLOAK a deux mécanismes de réplication pour des copies d'une paire donnée : une circulaire et l'autre radiale.

6.2.1 Réplication circulaire :

Pour avoir des répliques, l'OID est scindé en clés par l'algorithme SHA-512, ainsi la clé de 512 bits est divisée en 16 sous-clés de 32 bits. Ainsi, seize rayons de stockage différents sont utilisés et cela améliore les chances de succès des requêtes de recherche ainsi que l'homogénéité de la distribution des paires sur les stockeurs.

La division de la clé en $r_c = 16$ sous-clés est arbitraire et pourrait être augmentée ou réduite en fonction du besoin de redondance. Nous désignons ce mécanisme de redondance par le terme de réplication **circulaire**.

De façon générale, à partir d'une paire nommée $\mathcal{P}$ et de l'empreinte de hachage de sa clé avec l'algorithme SHA 512, nous obtenons une clé de 512 bits que nous répartissons en un certain nombre arbitraire r_c de sous-clés.

6.2.2 Réplication radiale :

Pour des raisons de redondance, une paire peut être stockée dans plus d'un stockeur faisant partie la branche de stockage. Un stockeur peut en effet stocker une paire et ensuite rediriger sa requête de stockage vers son ascendant pour qu'il la stocke à son tour. Le nombre de copies d'une paire suivant le rayon de stockage peut être une valeur arbitraire r_r définie à la création du réseau recouvrant.

Nous utilisons le terme de réplication **radiale** pour désigner la réplication de la paire $\mathcal{P}$ suivant le rayon de stockage. En effet, à partir du premier stockeur existant situé le plus proche du cercle, nous répliquons la paire r_r fois sur les nœuds ascendants en direction de la racine de l'arbre d'adressage. On s'arrête, soit lorsque l'on atteint un nombre de réplications radiales égal à $r_r = \lfloor \dfrac{log(n)}{log(q)} \rfloor$ (où q correspond au degré de l'arbre d'adressage hyperbolique et n à la taille du réseau recouvrant), soit lorsque l'on atteint la racine de l'arbre d'adressage.

6.3 Analyse de performance

L'analyse des performances peut porter sur des éléments différents et couvrir des domaines de comparaison ou espaces comparatifs également différents. Divers niveaux d'analyses peuvent être distingués, et doivent être pertinents, significatifs.

Dans cette section, nous analysons les performances de stockage, de recherche et du nombre moyen de sauts en fonction de la taille du système et des mécanismes de réplication circulaire et radiale.

6.3.1 Contexte de simulation

Pour la collecter de données, les mécanismes réplications circulaire et radiale, dans un réseau dynamique avec un taux de remous de 10%, ont été nécessaires. Dans le souci d'étudier la scalabilité du système, nous avons opté de considérer un nombre de nœuds aléatoire comme suit : 100, 300, 500 et 1000.

Chaque phase de simulation a duré 2 heures avec une observation des résultats à chaque 10 minutes soit un total de 12 observations par phase.

Les données traitées dans la suite de ce papier sont le résultat de dix (10) reprises indépendantes chaque phase de simulation afin d'en extraire une moyenne significative.

Cette collecte nous a permis de mener une étude comparative sur les performances de stockage et de recherche de la réplication radiale, de la réplication circulaire et des

75

deux mécanismes de réplication radiale et circulaire. Ensuite nous avons procédé à une comparaison du nombre moyen de sauts de stockage et de recherche en fonction de la scalabilité. Cette limitation est due aux contraintes matérielles de la machine pour exécuter la simulation.

1. Dans la première de phase, nous avons fixé la réplication circulaire à (01) et nous avons fait varier la réplication radiale de deux (02) à cinq(05).

2. Dans la seconde phase, nous avons fixé la réplication radiale à un (01) faire varier la circulaire de deux (02) à cinq (05).

Pour atteindre nos objectifs de simulation, nous avons opté d'utiliser le simulateur PeerSim.

6.3.2 Quelques indicateurs de performance

Dans le cadre de nos travaux, les indicateurs auxquels nous intéressons sont : le nombre moyen de saut, le taux de succès du stockage et de la recherche d'objet Big Data.

Nombre moyen de sauts ou charge de travail (H_m) : est le nombre moyen de nœuds traversés entre la source et la destination lors de l'émission d'une requête. (Total des requêtes diffusées : Q_t ; Nombre de nœuds nécessaires pour une transmission reçue : N_n)

$$H_m = \frac{Q_t}{N_n} \qquad (6.1)$$

Temps de latence moyen (R_e) est le temps nécessaire à une requête pour aller de la source à la destination. (Messages stockés où retrouvés avant délai : Q_s ; Total des messages : M_t)

$$R_e = \frac{Q_s}{M_t} \times 100 \qquad (6.2)$$

La variance d'une série, notée V, est la moyenne des carrés des écarts de chaque valeur à la moyenne m de la série.

$$V = \frac{n_1 \times (x_1 - m)^2 + n_2 \times (x_2 - m)^2 + ... + n_p \times (x_p - m)^2}{N} \qquad (6.3)$$

L'écart-type d'une série est le nombre, noté σ, défini par $\sigma = \sqrt{V}$, où V est la variance de la série.

Max et Min représentée respectivement la moyenne maximale et minimale des résultats des dix (10) reprises indépendantes chaque phase de simulation.

6.4 Performance de stockage

Nous cherchons à travers cette étude à trouver lequel des mécanismes de réplication circulaire ou radiale fournit le meilleur pourcentage de réussite lors de la soumission d'une tâche de la fonction Map().

6.4.1 Analyse de la scalabilité

La figure 6.1 représente la génération aléatoire de 10 000 nœuds dans le plan hyperbolique. Elle met en évidence une répartition quasi uniforme des nœuds autour de la racine. Cette scalabilité des nœuds implique que notre système construit un arbre bien équilibré ce qui permettra plus facilement mieux gérer la soumission et la récupération de tâches MapReduce.

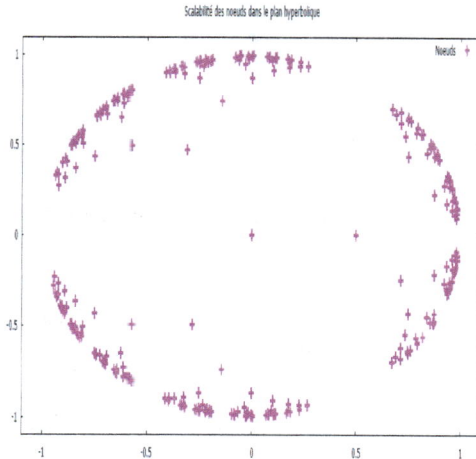

FIGURE 6.1 – Répartition des nœuds sur le disque de Poincaré

6.4.2 Analyse des performances du stockage circulaire

La figure 6.2 présente l'évolution de la proportion de stockage réussit lors d'une réplication circulaire en fonction du temps. Ces différentes courbes sont la moyenne arithmétique issue des (10) reprises indépendantes chaque phase de simulation. Les courbes sont globalement descendantes.

77

Réplications	Succès de stockage		$\bar{X}$	σ
	Max	Min		
2	82,04	32,76	54,37	14,73
3	84,74	40,12	58,04	14,26
4	89,75	49,25	62,48	12,34
5	90,27	54,78	67,38	11,66

TABLE 6.1 – Récapitulatif du taux de succès des réplications circulaires en %

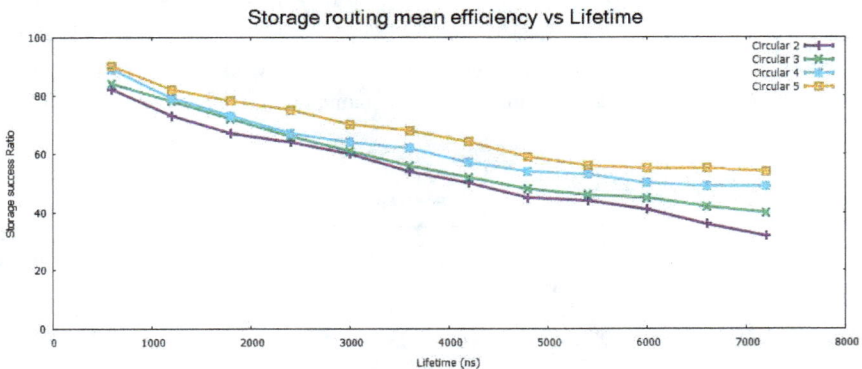

FIGURE 6.2 – Efficacité des réplications du stockage circulaire

La réplication circulaire 5 présente un meilleur résultat avec une moyenne de succès de stockage 67,38% avec un écart-type de 11,66%. Nous pouvons déduire que le taux de succès de stockage augmente avec le nombre de réplications.

6.4.3 Analyse des performances de stockage radial

La Figure 6.3 présente la variation du taux de succès de stockage lors d'une réplication radiale en fonction du temps. Les courbes sont globalement décroissantes.

La réplication radiale 5 présente un meilleur résultat avec une moyenne de succès de stockage 69,35% avec un écart-type de 10,86%. Nous pouvons déduire que plus le nombre de réplications est élevé plus le taux de succès de stockage augmente.

Réplications	Succès de stockage		$\bar{X}$	σ
	Max	Min		
2	82,91	40,05	57,41	13,42
3	84,41	42,64	59,67	13,37
4	87,83	50,94	64,75	11,69
5	91,27	56,07	69,35	10,86

TABLE 6.2 – Récapitulatif du taux de succès des réplications radiales en %

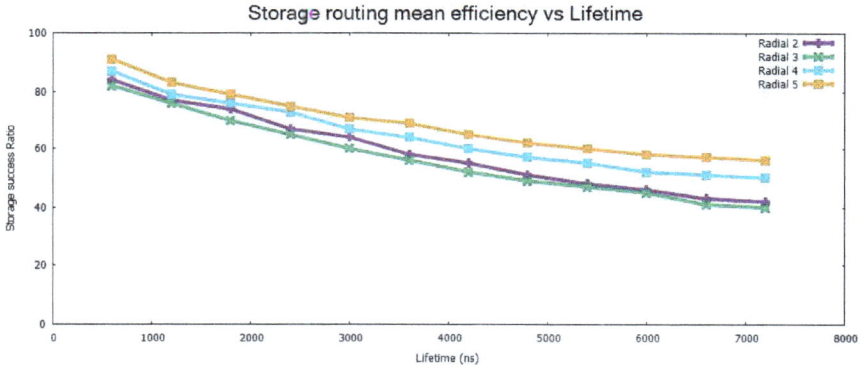

FIGURE 6.3 – Efficacité des performances du stockage radial

6.4.4 Analyse des performances des stockages

Dans la figure 6.4, les courbes présentent globalement la même tendance. Les deux mécanismes réplications ont une différence d'écart-type de 0,8 %. Cependant la réplication radiale 5 est légèrement meilleure que la réplication circulaire 5 avec une moyenne de succès de stockage de 1,97% en plus. De plus, l'augmentation du nombre de réplications augmente de façon générale le taux de succès de stockage.

Réplications	Succès de stockage		$\bar{X}$	σ
	Max	Min		
C5R1	90,27	54,78	67,38	11,66
C1R5	91,27	56,07	69,35	10,86

TABLE 6.3 – Récapitulatif des réplications de stockage en %

De l'analyse suscitée, nous pouvons affirmer que la réplication radiale 5 présente un meilleur taux de stockage. Aussi des comparaisons qui précédent pouvons nous confirmer que plus nombre de réplications augmente plus nous constatons une amélioration du taux

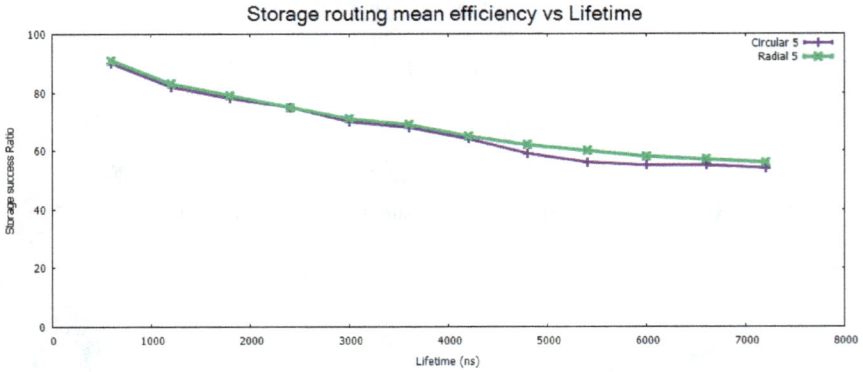

FIGURE 6.4 – Efficacité des stockages

de succès.

6.5   Performance de recherche

Cette étude recherche lequel des mécanismes de réplication circulaire ou radiale fournit le meilleur pourcentage de réussite lors de la soumission d'une tâche de la fonction Reduce().

6.5.1   Analyse des performances de la recherche circulaire :

La Figure 6.5 proposé présente l'évolution du taux succès de la recherche lors d'une réplication circulaire en fonction du temps. Les courbes sont globalement descendantes.

Réplications	Succès de recherche		$\bar{X}$	σ
	Max	Min		
2	97,58	42,85	67,76	18,96
3	97,62	48,68	67,79	15,02
4	98,31	53,91	70,49	13,29
5	100	60,15	77,73	12,68

TABLE 6.4 – Récapitulatif du taux de succès des réplications circulaires en %

La réplication circulaire 5 de la figure 6.5 présente un meilleur résultat avec une moyenne de succès de recherche de 77,73% avec un écart-type de 12,68%. Nous constatons que plus le nombre de réplications est élevé plus le taux de succès de recherche augmente.

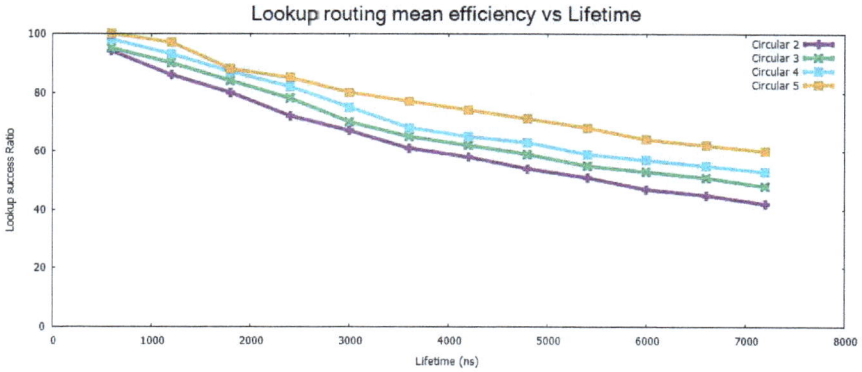

FIGURE 6.5 – Efficacité de la recherche circulaire

6.5.2 Analyse des performances de la recherche radiale :

Dans la figure 6.6, la réplication circulaire 5 présente un meilleur résultat avec une moyenne de taux de succès de recherche de 74,68% et un écart-type de 13,63%. Nous constatons que plus le nombre de réplications est élevé plus le taux de succès de recherche augmente.

Réplications	Succès de recherche		$\bar{X}$	σ
	Max	Min		
2	94,96	44,26	64,25	16,08
3	97,36	48,28	68,33	15,23
4	98,24	51,21	70,14	15,18
5	99,25	56,43	74,68	13,63

TABLE 6.5 – Récapitulatif du taux de succès des réplications radiales en %

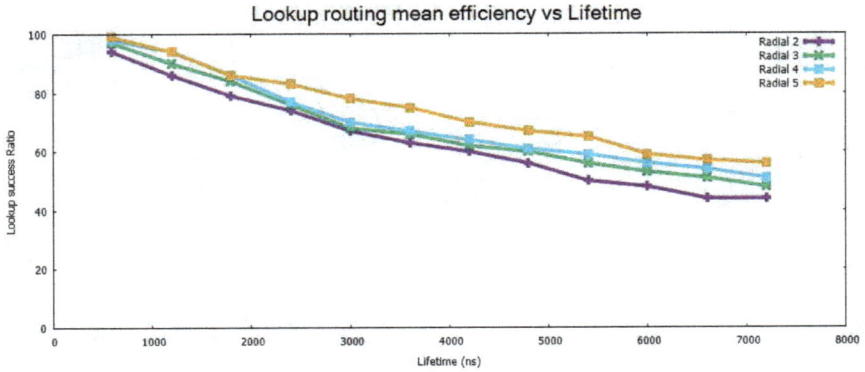

FIGURE 6.6 – Efficacité de la recherche radiale

6.5.3 Analyse des performances de recherche :

L'étude comparative de la figure 6.7, montre que la réplication circulaire 5 présente une moyenne de taux de succès de recherche de 77,73%, qui est la plus élevée des résultats obtenu et un écart-type de 12,68% qui est le moins élevé de toutes les réplications. Elle est suivie de la réplication radiale 5 avec un taux de succès moyen de recherche de 74,68% et un écart-type de 13,63%. Les deux mécanismes réplications ont des courbes qui présentent globalement la même tendance avec un léger avantage pour la réplication circulaire 5. De plus, l'augmentation du nombre de réplications augmente de façon générale le taux de succès de recherche.

Réplications	Succès de recherche		$\bar{X}$	σ
	Max	Min		
C5R1	100	60,15	77,73	12,68
C1R5	99,25	56,43	74,68	13,63

TABLE 6.6 – Récapitulatif des réplications radiales en %

De l'analyse de ses courbes, nous pouvons affirmer que la réplication circulaire 5 présente une meilleure moyenne de taux de succès de recherche.

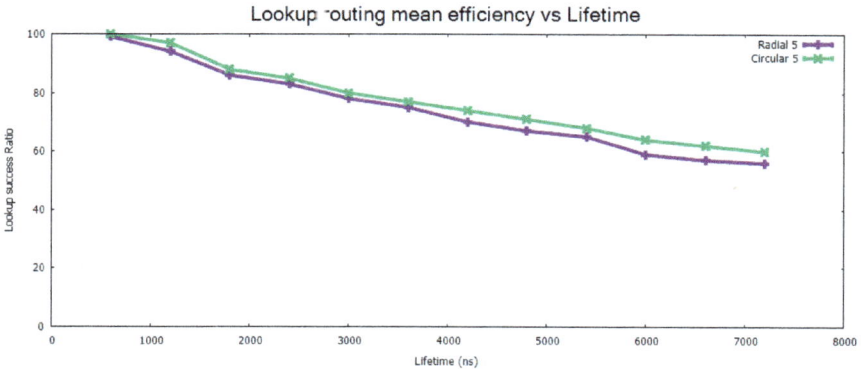

FIGURE 6.7 – Efficacité des réplications de recherche

6.6 Sauts moyens en fonction de la taille du système

Cette partie de notre papier met en évidence une étude comparée du nombre moyen de sauts de stockage et de recherche en fonction de la taille du réseau. La limitation de taille du réseau à 1000 nœuds est due aux ressources que nous avons à notre disposition.

6.6.1 Analyse du nombre moyen de sauts de stockage :

Nœuds	Sauts Moyens		$\bar{X}$	σ
	C5R1	C1R5		
100	3,54	3,31	3,43	0,12
300	4,57	4,71	4,64	0,07
500	5,47	5,33	5,40	0,07
1000	5,73	5,70	5,72	0,02

TABLE 6.7 – Ratio du nombre de sauts de stockage

— **La réplication circulaire :** Le nombre de moyen de sauts qui est de 1,40 entre 100 et 300 nœuds. Il passe à 0,62 entre 300 et 500 nœuds et est de 0,37 entre 500 et 1000 nœuds.

— **La réplication radiale :** La moyenne de sauts est de 1,04 entre 100 et 300 nœuds. Elle descend à 0,89 entre 300 et 500 nœuds pour atteindre 0,26 entre 500 et 1000 nœuds.

83

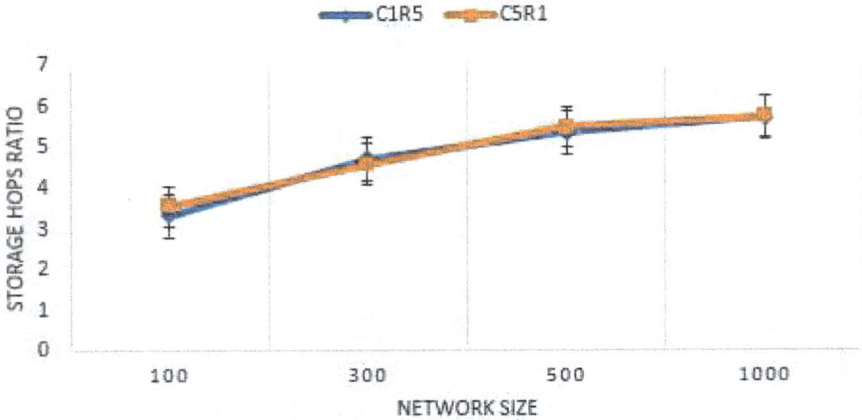

FIGURE 6.8 – Moyenne des sauts de stockage

En somme, la Figure 6.8 montre que le nombre moyen de sauts de la réplication radiale passe de 3,31 à 5,70 avec un écart-type de 1,10% lorsque le nombre de nœuds passe de 100 à 1000, tandis que celui de la réplication circulaire passe de 3,54 à 5,73 avec un écart-type de 1,20% avec la même variation de nœuds. La réplication radiale a une performance de stockage légèrement meilleure que celle de la réplication circulaire.

6.6.2 Analyse du taux moyen de succès de recherche :

2*Nœuds	Sauts Moyens		$2*\bar{X}$	$2*\sigma$
	C5R1	C1R5		
100	3,47	3,90	3,60	0,22
300	4,51	4,99	4,75	0,24
500	5,10	5,57	5,35	0,24
1000	5,35	5,84	5,60	0,25

TABLE 6.8 – Ratio du nombre de sauts de recherche

La réplication radiale passe de 3,90 à 5,84 avec un écart-type de 0,97% lorsque le nombre de nœuds passe de 100 à 1000. Nous constatons une faible augmentation du nombre de moyen de sauts qui est de 1,10 entre 100 et 300 nœuds, de 0,58 entre 300 et 500 noeuds et de 0,27 entre 500 et 1000 noeuds.

La réplication circulaire passe de 3,47 à 5,35 avec un écart-type de 0,94% lorsque le nombre de nœuds passe de 100 à 1000. Nous constatons une faible augmentation du nombre de moyen de sauts qui est de 1,05 entre 100 et 300 noeuds, de 0,59 entre 300 et 500 noeuds et de 0,25 entre 500 et 1000 noeuds.

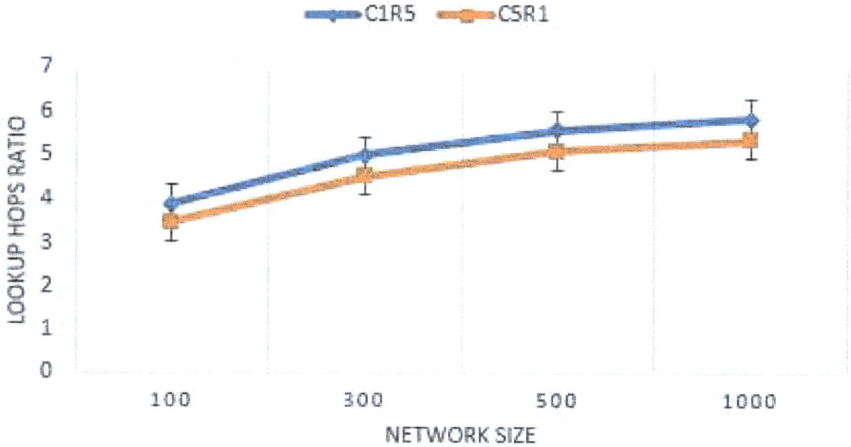

FIGURE 6.9 – Moyenne des sauts de recherche

Concernant la Figure 6.9, le nombre moyen de sauts de la réplication circulaire évolue de 3,47 à 5,35 avec un écart-type de 0,94% lorsque le nombre de nœuds passe de 100 à 1000, tandis que celui de la réplication radiale passe de 3,90 à 5,84 avec un écart-type de 0,97% lorsque le nombre de nœuds passe de 100 à 1000. Nous en déduisons de la réplication radiale une performance de recherche légèrement meilleure que celle de la réplication circulaire

6.6.3   Taux de succès en fonction du type de réplication :

2*Nœuds	Sauts moyens de stockage				Sauts moyens de recherche			
	C5R1	C1R5	$\bar{X}$	σ	C5R1	C1R5	$\bar{X}$	σ
100	3,54	3,31	3,43	0,12	3,90	3,47	3,60	0,22
300	4,57	4,71	4,64	0,07	4,99	4,51	4,75	0,24
500	5,47	5,33	5,40	0,07	5,57	5,10	5,35	0,24
1000	5,73	5,70	5,72	0,02	5,84	5,35	5,60	0,25

TABLE 6.9 – Récapitulatif du nombre moyen de sauts

En somme, il ressort de la Figure 6.10, que la réplication circulaire présente le nombre moyen de sauts de recherche, qui évolue de 3,47 à 5,35 avec un écart-type de 0,94% lorsque le nombre de nœuds passe de 100 à 1000. Elle est la plus faible des deux mécanismes de réplication.

Concernant le nombre moyen de sauts de stockage, le mécanisme de réplication radiale, croit de 3,31 à 5,70 avec un écart-type de 1,2% lorsque le nombre de nœuds passe de 100 à 1000. Il a un nombre moyen de sauts de stockage légèrement meilleur que celui de la réplication circulaire.

Aussi de ce précède, pouvons-nous confirmer que l'écart-type du nombre moyenne de saut diminue lorsque le nombre de nœuds augmente.

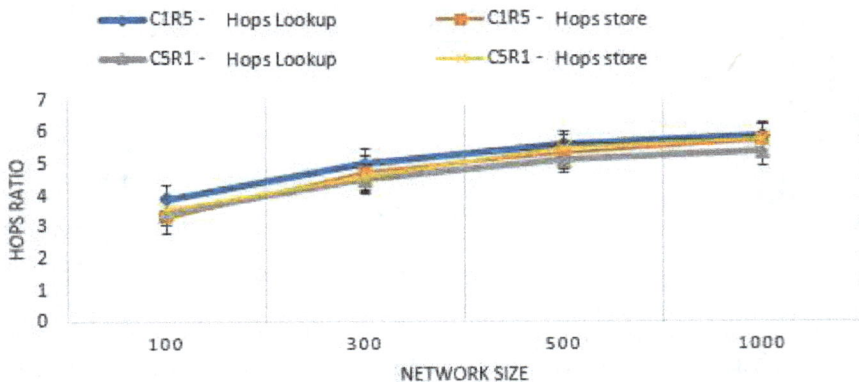

FIGURE 6.10 – Moyenne des sauts de recherche

6.7 Conclusions

Les résultats de nos différentes simulations ont permis de confirmer l'efficacité globale des mécanismes de réplications avec un taux de succès moyen de stockage et de recherche supérieure à 60% dans un contexte dynamique avec 10% de remous du système.

Le faible taux de sauts moyen de recherche et le taux élevé de succès de recherche de la réplication circulaire, nous permettent de confirmer l'efficacité du mécanisme réplication radiale pour les requêtes de recherche.

Contrairement au mécanisme de réplication circulaire qui présente une meilleure performance de recherche, le mécanisme de réplication radiale avec, un taux de succès de stockage élevé, et un taux de sauts moyen de stockage faible, nous permettent d'affirmer son efficacité dans l'exécution des requêtes de stockage.

La principale contribution de notre travail a été de trouver un mécanisme réplication de stockage et de recherche idéale pour notre architecture CLOAK-Reduce. Aussi, cette étude comparative des mécanismes de réplication, nous a-t-elle permis de mettre en évidence l'efficacité de la réplication radiale dans le stockage et la réplication circulaire dans la recherche de données.

Comme perspectives, à cette analyse des performances de réplication radiale et circulaire dans la soumission des tâches MapReduce, nous allons élaborer une stratégie d'équilibrage de charge dans un environnement dynamique avec notre modèle : CLOAK-Reduce. Ensuite, nous implémenterons cette nouvelle stratégie d'équilibrage de charge de CLOAK-Reduce. Et pour finir, nous effectuerons des simulations pour mettre en évidence ses performances par rapport aux architectures similaires.

Chapitre 7

Stratégie d'équilibrage de charge de CLOAK-Reduce

Sommaire

7.1 Introduction

Les systèmes distribués étant fondamentalement dynamiques et instables, il est donc réaliste de considérer que certaines ressources vont subir des défaillances pendant leur utilisation. Car la charge d'un nœud est induite par l'activité des processus s'exécutant localement.

L'équilibrage ou la répartition de charge, ou *load balancing*, est une technique utilisée pour répartir une charge de travail sur plusieurs serveurs ou autres ressources informatiques, afin d'optimiser leur rendement [120, 121]. En répartissant le travail de manière égale, l'équilibrage de charge améliore la réactivité des applications. Il augmente également la disponibilité des applications et des sites Web pour les utilisateurs. Cela permet de s'assurer qu'aucun nœud ne supporte une demande trop importante [110, 111]. En d'autres termes, l'équilibrage de charge est, dans un environnement distribué, de répartir les processus sur les nœuds de façon à réduire la latence et le déséquilibre de la charge entre les nœuds [112].

L'objectif de chapitre est de proposer une stratégie d'équilibrage de charge dynamique et hiérarchique à deux niveaux. Il s'agit de décrire l'architecture de notre stratégie d'équilibrage de charge à deux niveaux : l'équilibrage intra-planificateur, dans le but d'éviter le recours au réseau de communication à large échelle, et l'équilibrage inter-planificateurs, pour une régulation de la charge de notre plateforme CLOAK-Reduce.

Ensuite, nous évaluons trois indicateurs de performance à savoir : le temps de réponse, le temps d'attente, et le temps d'exécution des tâches MapReduce. La stratégie proposée vise à améliorer le temps de réponse moyen des tâches dans l'application de CLOAK-Reduce avec un minimum de communication.

Les résultats de nos simulations atteste que contrairement à la stratégie d'équilibrage de charge de la DHT CLOAK, notre plateforme, CLOAK-Reduce, donne des temps d'attente, d'exécution et de réponse inférieurs, montrant ainsi l'efficacité de notre stratégie.

7.2 Équilibrage de charge de CLOAK-Reduce

CLOAK-Reduce est construite en implémentant, sur la DHT CLOAK, un module pour créer et exécuter les opérations MapReduce [146]. C'est un modèle distribué qui exploite les avantages de la DHT CLOAK et de MapReduce. La DHT CLOAK pour soumettre les tâches des fonctions *Map()* et *Reduce()* de manière équilibrée grâce aux mécanismes de réplication qu'elle offre en plus de la stratégie d'ordonnancement des tâches que nous offrons.

La structure arborescente de CLOAK-Reduce nous a permis de définir une stratégie hiérarchique et distribuée d'équilibrage de charge à deux niveaux : Intra-planificateur ou *equijobs* et Inter-planificateurs ou *bigjobs*

Notre modèle est constitué d'un nœud racine, de trois nœuds planificateurs ou *Schedulers* , de plusieurs nœuds candidats ou *JobManagers candidates* et nœuds bâtisseurs ou

JobBuilders.

Pour déterminer la profondeur d'un nœud, nous avons ajouté à tous les nœuds une variable degré parenté ou *(kship)*. Cette variable est mise à jour de façon incrémentale. Ainsi tous les frères d'un même niveau auront tous le même degré de parenté. Les fils et leurs cousins un degré de plus. La lecture de cette variable ($\mathcal{D}_s$) détermine l'éligibilité du stockeur.

Ainsi lorsqu'une tâche MapReduce est soumise à un stockeur, ce dernier et ses répliques circulaires sont éligibles pour superviser l'exécution de la tâche soumise en fonction de leur profondeur de départ $\mathcal{D}_s$ et leur charge de travail. Ce sont des *JobManagers candidates*. Le stockeur élu pour la supervision de l'exécution d'une tâche MapReduce est le *JobManager* pour ladite tâche.

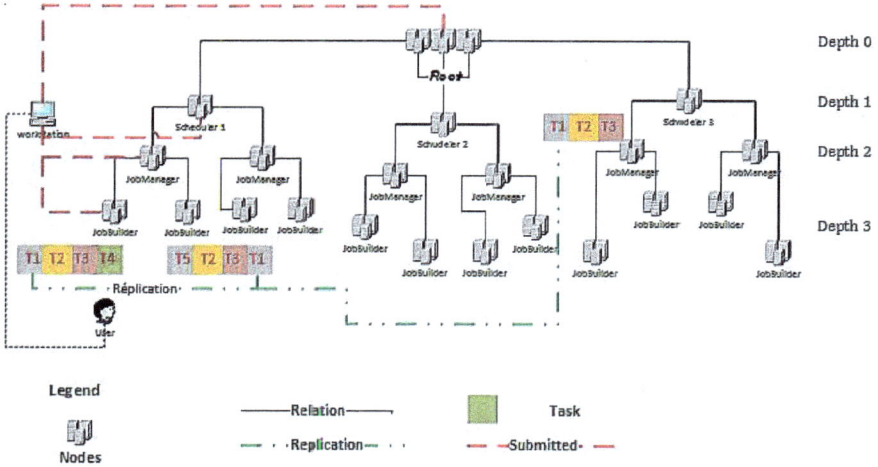

FIGURE 7.1 – CLOAK-Reduce architecture

La racine

La racine est un nœud de coordonnée (0,0), la profondeur minimale ($\mathcal{D}_0$) l'arborescence, du disque de Poincaré. Elle permet de :

— Conserver les tâches qui ne peuvent pas être exécutées immédiatement dans une file d'attente ou *Jobs center* ;

— Maintenir l'information de charge des planificateus ou *Scheduiers* ;

— Décider de son équilibrage global du système ou *Inter-Schedulers* ;

91

Les planificateurs

Les planificateus ou *Schedulers*, de profondeur $(\mathcal{D}_1)$, ont pour fonction de :

— Décider de l'équilibrage *Inter-Schedulers* ;

— Maintenir l'information de charge de l'ensemble de leurs nœuds de profondeurs supérieure à 1 $(> \mathcal{D}_1)$;

— Décider de équilibrage de leurs stockeurs élus ou *JobManagers* ;

— Autoriser l'équilibrage d'un *JobManager* précis ;

— Synchroniser avec leurs répliques pour gérer leur défaillance.

Les stockeurs élus

Les stockeurs élus ou *JobManagers candidates* ont une profondeur minimale $(\geq \mathcal{D}_2)$. Ils sont élus pour :

— Superviser l'exécution des tâches MapReduce

— Gérer l'information de charge relative aux nœuds bâtisseurs ou *JobBuilders* ;

— Maintenir leur état de charge ;

— Décider d'un *equijobs* partiel, en réorientant une partie de leur charge vers une réplique circulaire ou *JobManager candidate* du même planificateur ;

— Informer les *JobBuilders* de l'équilibrage décidé pour la sauvegarde des travaux intermédiaires.

Les nœuds bâtisseurs

Les nœuds bâtisseurs ou *JobBuilders* sont de profondeur minimale $(\geq \mathcal{D}_3)$. Ils ont pour fonction de :

— Exécuter les tâches MapReduce ;

— Synchroniser les images de leurs différents travaux au fur et à mesure sur leurs répliques radiales de la profondeur $> \mathcal{D}_3$.

— Maintenir à jour l'information sur l'état de leur charge ;

— Actualiser cette information de charge au niveau du *JobManager* ;

— Effectuer les nécessités d'équilibrage ordonnées par leur *JobManager*.

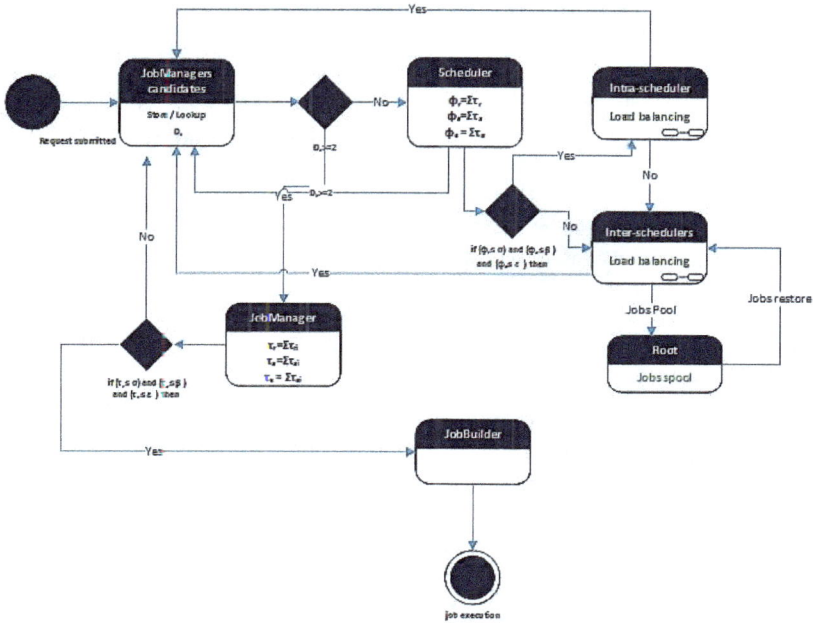

FIGURE 7.2 – Diagramme d'équilibrage de charge de CLOAK-Reduce

7.3 Fonctionnement

7.3.1 Généralités

Pour déterminer la profondeur d'un nœud, nous avons ajouté à tous les nœuds une variable degré parenté ou *kinship (kship)*. Cette variable est mise à jour de façon incrémentale. Ainsi tous les frères d'un même niveau auront tous le même degré de parenté. Les fils et leurs cousins un degré de plus. La lecture de cette variable ($\mathcal{D}_s$) détermine l'éligibilité du stockeur.

Ainsi lorsqu'une tâche MapReduce est soumise à un stockeur, ce dernier et ses répliques circulaires sont éligibles pour superviser l'exécution de la tâche soumise en fonction de leur profondeur de départ $\mathcal{D}_s$ et leur charge de travail. Ce sont des *JobManagers candidates*. Le stockeur élu pour la supervision de l'exécution d'une tâche MapReduce est le *JobManager* pour ladite tâche.

7.3.2 Requêtes STORE et LOOKUP

Les Requêtes STORE et LOOKUP sont destinées à soumettre les traitements MapReduce par la CLOAK-Reduce. Toute tâche Map() sera exécutée par la requête STORE et les tâches Reduce() par la requête LOOKUP. La soumission des tâches MapReduce se déroule comme suivie :

Phase 1 : Lorsqu'une tâche MapReduce (une requête **STORE**) est soumise à un stockeur par un utilisateur, la soumission s'effectue comme suit :

Étape 1 : Le stockeur en fonction de sa profondeur $\mathcal{D}_s$ et de sa charge détermine son éligibilité pour la tâche.

Étape 2 : Un stockeur élu pour superviser l'exécution d'une tâche MapReduce soumise est le *JobManager* de ladite tâche, et ses répliques circulaires, du même planificateur, des *JobManagers candidates*.

Étape 3 : Le JobManager alloue aux *JobBuilders* l'exécution des tâches MapReduce ;

Étape 4 : Lorsqu'aucun stockeur n'est éligible, il procède à un équilibrage Intra-JobManager avant soumission.

Étape 5 : Lorsque l'équilibrage Intra-JobManager échoue, il réoriente la requête vers son planificateur pour un équilibrage Inter-JobManagers avant une nouvelle soumission.

Étape 6 : Lorsque le planificateur n'est pas élu, la tâche MapReduce est transférée à la racine pour soumission. Le planificateur élu procède à une soumission de la tâche MapReduce à son premier nœud candidat éligible.

Étape 7 : Lorsqu'aucun planificateur n'est éligible, la fin de la étape 6, un message d'erreur est envoyé à l'utilisateur.

Étape 8 : L'absence d'un JobManager suite à une latence supérieure au seuil espérance, est constatée par ses JobBuilders, ses JobManagers candidates ou son planificateur. Et le planificateur élu le premier JobManager candidate proposant un seuil d'équilibre.

Phase 2 : Lors de la réception d'une requête **LOOKUP**, le stockeur calcul la distance des nœuds stockant le fichier en extrayant une clé de hachage avec un nom du fichier et en cherchant le nœud de la mémoire cache ayant une meilleure complexité. Et en fonction des charges de ce dernier, il lui demande de procéder au transfert des fichiers récupérés des tâches *Reduce* vers la source de la requête ou passe au suivant.

7.4 Stratégie d'équilibrage de charges

Notre travail consiste à équilibrer la charge au niveau de chaque stockeur élu de façon décentralisée, puisque les stockeurs élus sont indépendants entre eux, ce qui permet un gain en temps de service et de réponse d'un côté, et ils permettent de sélectionner la réplique circulaire *(JobManager candidate)* qui correspond le mieux à la tâche reçu d'un autre côté.

Le Scheduler permet de mettre en contact les JobManagers locaux surchargées et sous-chargées afin que ces dernières collaborent entre eux pour migrer les tâches d'un JobManager à un autre.

7.4.1 Principes

La stratégie proposée présente les caractéristiques suivantes :

1. chaque stockeur élu a sa propre période, durant laquelle il envoie ses informations de charge aux autres stockeurs candidats du même planificateur.

2. chaque stockeur élu a sa propre période, durant laquelle il envoie ses informations de charge à son planificateur.

3. chaque planificateur a sa propre période, durant laquelle il envoie ses informations de charge aux autres planificateurs.

4. chaque planificateur a sa propre période, durant laquelle il envoie ses informations de charge à la racine.

5. l'équilibrage local est déclenché pour le placement dynamique des tâches en utilisant des informations de charges locales par rapport aux stockeurs élus du planificateur.

6. l'équilibrage de charges intra-planificateur est déclenché par les planificateurs (source) ou leurs stockeurs élus.

7. l'équilibrage de charges intra-planificateur du stockeur élu est effectué entre le stockeur élu et ses stockeurs candidats pour éviter le recours à tout réseau de communication du planificateur.

8. l'équilibrage de charges intra-planificateur du planificateur donne le privilège quand cela est possible, à un placement dynamique local pour éviter le recours tout le réseau de communication de CLOAK-Reduce.

9. le planificateur surchargé (source) réoriente la tâche à soumettre au spool de la racine (destination).

10. l'équilibrage de charge inter-planificateurs est déclenché par les planificateurs surchargés (sources) au cas où l'équilibrage de charges intra-planificateur n'aboutit pas.

11. l'équilibrage de charge inter-planificateurs donne le privilège à la communication à grande échelle.

12. la racine soumet les tâches en attente aux planificateurs en fonction d'un charge seuil.

7.4.2 Équilibrage Inter-JobManagers

Chaque JobManager peut déclencher une opération d'équilibrage de charge en fonction de la charge courante qu'il gère (Algorithme 2). Cette charge est estimée à partir des différentes informations de charge envoyées, périodiquement, par les JobBuilders. Le scheduler tente, en priorité, d'équilibrer la charge du JobManager localement en la répartissant entre les JobManagers qui sont sous son contrôle. Cette approche de localité a pour objectif de réduire les coûts de communication, en évitant les communications inter-planificateurs (Figure 7.3).

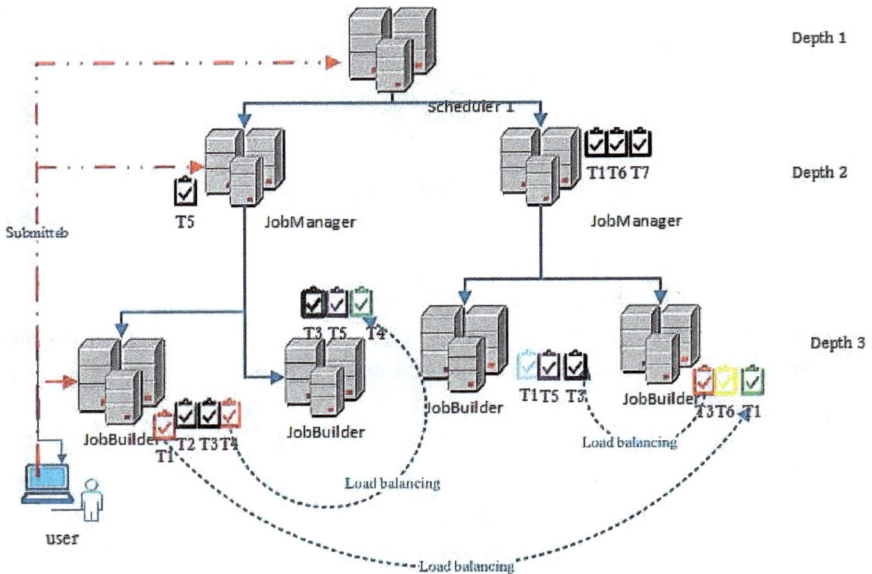

FIGURE 7.3 – Équilibrage de charge Inter-JobManagers

7.4.3 Équilibrage Inter-planificateur

L'équilibrage, inter-planificateurs (Figure 7.4), est déclenché seulement lorsque l'équilibrage Intra-planificateur échoue dû soit à une saturation des JobManagers, soit à une offre de charge insuffisante induite par les JobManagers candidates par rapport à la demande formulée par les JobManagers surchargés. Dans ce cas, la racine tente de transférer un certain nombre de tâches à partir des planificateurs surchargés vers les planificateurs sous-chargés, en tenant compte des coûts de transfert et du choix des tâches à sélectionner. Une description des différentes étapes est donnée dans les algorithmes 3 et 4

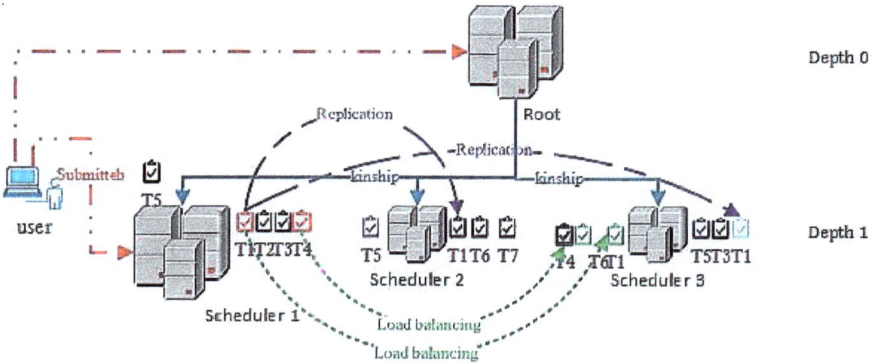

FIGURE 7.4 – Équilibrage de charge Inter-planificateur

7.5 Algorithmes d'équilibrage de charge

Nous nous intéressons essentiellement au temps de réponse moyen , au temps d'attente moyen, et au temps d'exécution moyen d'une tâche comme charge d'un JobManager (Figure 7.2).

7.5.1 Notations

Seuil d'équilibre

	réponse	attente	exécution
JobManager	α_j	β_j	ϵ_j
Scheduler	α_s	β_s	ϵ_s

Variables

97

	réponse	attente	exécution
JobBuilder	τ_r	τ_a	τ_e
JobManager	$\Phi_r = \sum_{\tau_r}$	$\Phi_a = \sum_{\tau_a}$	$\Phi_e = \sum_{\tau_e}$

Nœuds : JobBuilder (J_b), JobManager (J_m), JobManager candidate (J_{mc}), Scheduler ($\mathcal{S}$) et Root($\mathcal{R}$).

7.5.2 Description de quelques algorithmes

Algorithm 2: Intra-Scheduler load balancing

---

1   **for** *Every J_m of S* **do**
2   **for** *Each time period* **do**
3   /* Receive from every J_b of J_m */
4   Calculate $\tau_r = \Sigma\tau_{ri}$;
5   Calculate $\tau_a = \Sigma\tau_{ai}$;
6   Calculate $\tau_e = \Sigma\tau_{ei}$;
7   Send τ_r, τ_a, τ_e to their S associated ;
8   **if** *$((\tau_r > \alpha_j)$ and $(\tau_a > \beta_j)$ and $(\tau_e > \epsilon_j))$* **then**
9   Transfer submissions from J_m to J_{mc} ;
10   **else**
11   Transfer submissions from J_m to J_b ;

Algorithm 3: Tasks allocation

   Input: $Tr[3], Ta[3], Te[3], \Phi_r, \Phi_a, \Phi_e$
1   **for** *Every S of CLCAK-Reduce* **do**
2   /* Calculate the capacities of S*/
3   Calculate $\Phi_r = \Sigma\tau_r$;
4   Calculate $\Phi_a = \Sigma\tau_a$;
5   Calculate $\Phi_e = \Sigma\tau_e$;
6     $Tr_S[i] = \Phi_r$;
7     $Ta_S[i] = \Phi_a$;
8     $Te_S[i] = \Phi_a$;
9   /* List S capacities by descending order relative to their load */
10   Sort $Tr_S[i]$; Sort $Ta_S[i]$; Sort $Te_S[i]$
11   **if** *$((\Phi_r > \alpha_s)$ and $(\Phi_a > \beta_s)$ and $(\Phi_e > \epsilon_s))$* **then**
12   Transfer submissions from S to $\mathcal{R}.JobSpool$;
13   **else**
14   Transfer submissions from S to J_{mc} ;

Algorithm 4: Inter-Schedulers load balancing

---

1 Call Algorithm 3
2 **while** $Capacity(S_i) > Capacity(S_{i+1})$ *And* $\mathcal{R}.JobSpool\,!=\phi$ **do**
3   **if** $\mathcal{R}.JobSpool\,!=\phi$ **then**
4   Transfer submissions from $\mathcal{R}.JobSpool$ to $\mathcal{S}$;
5   Underloaded $\mathcal{R}.JobSpool$;
6          $\mathcal{R}.JobSpool--$;
7   **else**
8          $Capacity(Capacity(S_{i+1}))$

7.6 Analyse de performance

7.6.1 Contexte de simulation

Pour la collecter de données, les mécanismes réplications circulaire et radiale de CLOAK-Reduce ont été fixé à cinq (05), dans un réseau dynamique avec un taux de remous de 10%, ont été nécessaire.

Dans le souci d'étudier la scalabilité du système en plus de l'équilibrage de charge, nous avons opté de considérer un nombre de nœuds aléatoire comme suit : 100, 300, 500 et 1000, avec un nombre de tâches variant de 6000 à 10000 par pas de 1000.

Chaque phase de simulation a duré 2 heures avec une observation des résultats à chaque 10 minutes soit un total de 12 observations par phase.

Les données traitées dans la suite de ce papier sont le résultat de dix (10) reprises indépendantes chaque phase de simulation afin d'en extraire une moyenne significative.

Cette collecte nous a permis de mener une étude comparative sur la stratégie d'équilibrage Intra-planificateur et Inter-planificateurs.

Cette limitation est due aux contraintes matérielles de la machine pour exécuter la simulation. L'ensemble des expériences ont été réalisées sur un PC Intel Core i5 CPU de 2.60 GHz, doté d'une mémoire de 8 Go et fonctionnant sous Windows 10 Professionnel.

Pour atteindre nos objectifs de simulation, nous avons opté d'utiliser le simulateur PeerSim.

7.6.2 Quelques indicateurs de performance

Dans le cadre de nos travaux, Nous nous intéressons à la réduction du temps de réponse, de la latence du traitement des tâches et du temps d'exécution des tâches MapReduce. Les paramètres de performance suivants ont été analysés afin de mesurer la performance.

Pour calculer le temps de réponse moyen (MRT) des processus, nous utilisons la formule suivante. Avec $\tau_{ri}=$ temps de réalisation - date d'arrivée

$$MRT = \sum_{i=0}^{n} \frac{\tau_{ri}}{n} \tag{7.1}$$

La latence moyenne du processus (MPL) est calculée comme suit : Avec $\tau_{ai}= \tau_{ri}$ - temps de fonctionnement

$$MPL = \sum_{i=0}^{n} \frac{\tau_{ai}}{n} \tag{7.2}$$

La variance d'une série, notée V, est la moyenne des carrés des écarts de chaque valeur à la moyenne m de la série.

$$V = \frac{n_1 \times (x_1 - m)^2 + n_2 \times (x_2 - m)^2 + ... + n_p \times (x_p - m)^2}{N} \tag{7.3}$$

L'écart-type d'une série est le nombre, noté σ, défini par $\sigma = \sqrt{V}$, où V est la variance de la série.

Max et Min représentée respectivement la moyenne maximale et minimale des résultats des dix (10) reprises indépendantes chaque phase de simulation.

7.6.3 Performance d'équilibrage de charge

Nœuds	Nombres de tâches soumises					$\bar{X}$
	6000	7000	8000	9000	10000	
100	41.22	47.11	46.50	44.21	43.21	44.45
300	34.65	45.92	48.34	47.23	45.16	44.26
500	33.93	37.49	36.42	33.59	37.44	35.77
1000	33.35	36.89	36.15	36.69	41.99	37.01

TABLE 7.1 – Ratio of performance to response time

Tableau 7.1, nous obtenons un gain de temps de réponse moyenne minimum de 35,77% et maximum de 44,75%. avec une moyenne globale de 40,37 %. La Figure 7.5 illustre l'amélioration du temps de réponse moyen obtenue par notre modèle d'équilibrage de charge en fonction du nombre de nœuds, en faisant varier le nombre de tâches.

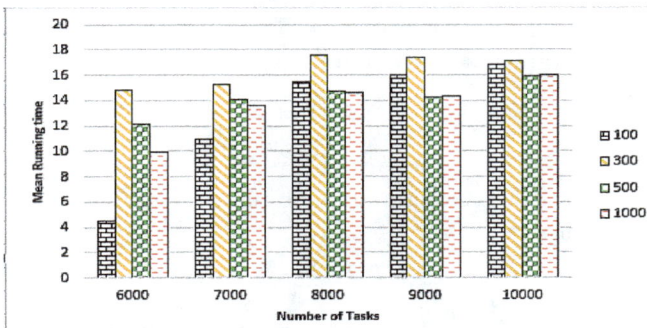

FIGURE 7.5 – Mean Response Time comparison for varying number of tasks

Nœuds	Nombres de tâches soumises					$\bar{X}$
	6000	7000	8000	9000	10000	
100	48.17	52.75	45.50	53.12	42.98	48.50
300	45.56	53.41	55.02	54.09	52.22	52.06
500	39.09	47.14	50.82	51.83	54.69	48.71
1000	33.40	39.47	43.46	48.02	52.82	43.34

TABLE 7.2 – Ratio of performance to waiting time for jobs

La Figure 7.6 montre l'amélioration moyenne de la latence du processus obtenue par notre modèle d'équilibrage de charge en fonction du nombre de nœuds et en faisant varier le nombre de tâches. Nous obtenons un gain de temps de réponse moyen minimal de 43,43% et maximal de 52,06% avec une moyenne globale de 48,18% dans le Tableau 7.2.

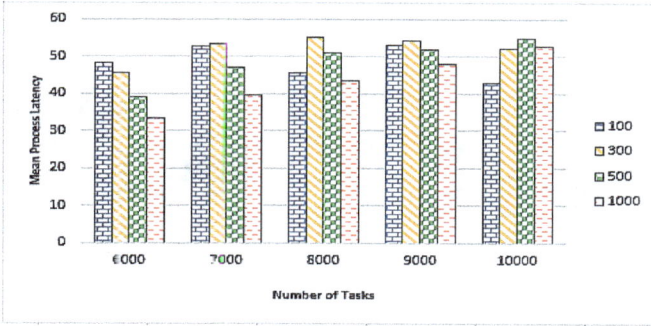

FIGURE 7.6 – Mean Process Latency comparison for varying number of tasks

Nœuds	Nombres de tâches soumises					$\bar{X}$
	6000	7000	8000	9000	10000	
100	4.51	10.97	15.44	15.97	16.88	12.75
300	14.83	15.28	17.61	17.40	17.16	16.46
500	12.11	14.10	14.76	14.30	15.92	14.24
1000	9.93	13.62	14.67	14.37	16.02	13.72

TABLE 7.3 – Mean Running Time comparison for varying number of tasks

La Figure 7.7 illustre l'amélioration du temps d'exécution moyen des tâches obtenu par notre modèle d'équilibrage de charge pour différents nombres de nœuds en faisant varier le nombre de tâches. Nous obtenons un gain temps de réponse moyen minimal de 12,75% et un maximal de 16,46% avec une moyenne globale 14.29% dans le Tableau 7.3.

Des différentes observations qui précédent, nous pouvons confirmer la stratégie d'équilibrage de charges de CLOAK-Reduce présente certes de meilleurs en ce qui concerne les trois indicateurs de performances qui ont fait l'objet de cette étude. Cependant l'irrégularité du gain de temps en fonction du nombre de nœuds et tâches peut être due à des nœuds sous-chargés ou même inactifs car les tâches sont soumises suivant un principe décrit au 7.3.

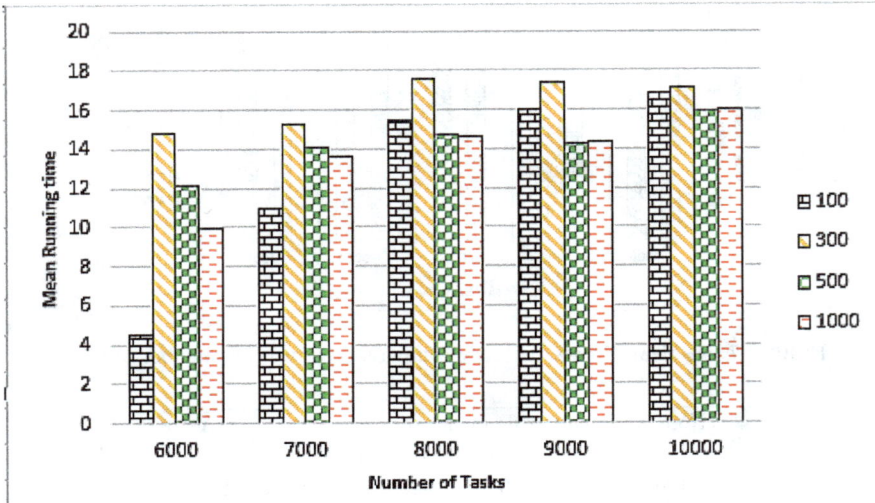

FIGURE 7.7 – Mean Running Time comparison for varying number of tasks

7.7 Conclusions

Cette étude s'intéressait au problème d'équilibrage de charge et d'ordonnancement de tâches de CLOAK-Reduce. Notre stratégie proposée est un modèle hiérarchique et dynamique d'équilibrage de charge basé sur la structure arborescente la DHT CLOAK. Les principales caractéristiques du modèle, sont l'hétérogénéité des ressources de calcul, la scalabilité et la disponibilité des données. L'objectif visé par cette stratégie d'équilibrage de charge hiérarchique était d'améliorer le temps de réponse, le temps d'attente, et le temps d'exécution des tâches MapReduce avec un minimum de communication.

Les résultats de l'évaluation de la stratégie d'équilibrage de charge attestent d'un meilleur équilibrage de charge de notre plateforme par rapport à la DHT CLOAK, avec un gain de temps moyen global de réponse de 40,37%, de latence de 48,18% et d'exécution de 14.29%.

Ces résultats des simulations montrent que l'architecture hiérarchique du modèle permet un meilleur équilibrage de charge entre de nombreux nœuds élus pour la soumission des tâches et leurs répliques circulaires ou même des nœuds élus du même planificateur. Cette stratégie d'autorégulation de charge des nœuds élus permet de pallier la gestion centralisée d'un nœud principal.De plus, d'équilibrage de charge inter-planificateurs privilégie la communication entre planificateurs avec un coût de communication minime et évitant une communication globale du système comme dans le système natif.

Aussi contrairement aux modèles existants avons-nous attribué un rôle de file d'attente au nœud de niveau 0 (la racine). Cette suppression de la racine dans notre stratégie d'équilibrage de charge améliore sensiblement les performances de l'équilibrage inter-planificateurs de CLOAK-Reduce.

Dans le cadre de travaux futurs, nous effectuerons des simulations pour mettre en évidence ses performances par rapport à d'autres plateformes DHT-MapReduce. Et pour finir, nous souhaitons tester si ces résultats peuvent être généralisés à d'autres types de plateformes hybrides utilisant une structure à arborescence pour le management des tâches.

Chapitre **8**

Évaluation des performances de CLOAK-Reduce

Sommaire

8.1 Introduction

Le Big Data [1] a montré la limite des plateformes traditionnelles de stockage et de traitement. Pour solutionner ses problèmes, de nombreux projets ont été développés. Hadoop [8] et MapReduce [7] sont des plateformes logicielles pionnières dédiées en la matière. Le modèle de programmation parallèle de Hadoop MapReduce conçu pour la scalabilité et la tolérance aux pannes suppose que les calculs se produisent dans un environnement centralisé avec une architecture maître/esclave.

Aussi l'absence de disposition de stockage des requêtes entrantes qui peuvent être traitées ultérieurement, les problèmes liés aux remous des premières versions de hadoop on-t ils amené les concepteurs de Hadoop à évoluer vers de nouvelles politiques de gestion des ressources [122]. Mais avec l'hétérogénéité des plateformes informatiques, Apache Hadoop est encore confrontée aux problèmes d'équilibrage de charges et réplications de données [8, 32].

Ainsi, pour pallier le problème de stockage, les DHT furent utilisées. Cependant la fréquence de prolifération des données et l'hétérogénéité des nœuds de stockage distribuée et de traitements parallélisés, elles furent confrontées au même problème d'équilibrage de charges et réplications [110, 123].

Bien que de nombreuses études ont été menées sur la stratégie d'équilibrage de charge [111, 112] et les mécanismes de réplication de données [124, 125] en milieu dynamique au niveau de Hadoop que des DHT, nous avons vu l'émergence de solutions hybrides aussi innovantes les unes que les autres.

Notre objectif dans ce chapitre est d'évaluer l'efficacité de notre plateforme Big Data : CLOAK-Reduce. Nous montrerons ses performances par la comparaison de sa stratégie d'équilibrage de charge et son mécanisme de réplication par rapport à quelques solutions existantes.

Notre approche est structurée comme suite : la section 2, est consacrée à différentes approches de plateformes DHT-MapReduce utilisées dans la gestion des données à grande échelle. Les résultats expérimentaux sont présentés dans la section 3. Enfin, les conclusions sont tirées et les travaux futurs sont décrits dans la section 4.

8.2 Travaux relatifs aux DHT - MapReduce

Bien que Hadoop 3.x prend en charge plus de deux (02) Name Nodes, la mise en œuvre initiale de la haute disponibilité de HDFS prévoyait un seul Name Node actif et un seul Name Node de secours Secondary Node. En répliquant les éditions sur un quorum de trois *Journal Nodes*, cette architecture était capable de tolérer la défaillance de n'importe quel nœud du système. Ainsi, le déploiement d'infrastructures nécessitant des degrés de tolérance aux pannes plus élevés, trouve solution aux Journal Nodes qui permettent aux utilisateurs d'exécuter plusieurs Name Nodes de secours. Par exemple, en configurant trois Name Nodes et cinq Journal Nodes, le cluster est capable de tolérer la défaillance de deux nœuds plutôt que d'un seul.

Parallèlement à Hadoop, d'autres projets de conception de plateformes de stockage distribué et de traitements parallélisés pour développer le calcul haute performance exploitant les ressources hétérogènes ont vu le jour.

Nous présentons quelques plateformes dédiées à ce type de calcul exploitant les DHT comme mécanismes d'organisation. ChordMR [126] et de ChordReduce [127] ont axés leurs travaux sur la défaillance du maître. L'utilisation de Chord [67] permet de disponibiliser un ensemble de nœuds de secours pour la reprise des travaux encours. En cas de défaillance du nœud actif, les nœuds de secours exécutent un algorithme d'élection pour élire activer nouveau nœud.

La plupart des DHT concentrent leurs efforts sur la prévention des pertes d'enregistrements dues aux remous avec une scalabilité de plus 10^6 nœuds et des stratégies pour augmenter leur robustesse. stockage [6].

MapReduce distribuée utilisant DHT [128] est une plateforme inspirée de P2P-MapReduce une architecture MapReduce basée sur le P2P construit sur JTXA [129]. Elle est conçue pour être plus robuste dans la gestion des échecs de nœuds et tâches pendant l'exécution. Plutôt que d'utiliser un seul nœud maître, elle emploie plusieurs nœuds maîtres, chacun responsable d'un travail. Si l'un de ces nœuds maîtres échoue, un autre sera prêt en tant que sauvegarde pour prendre sa place et gérer les nœuds esclaves affectés à ce travail. Cela évite le point de défaillance unique auquel Hadoop est vulnérable. Les pannes des nœuds esclaves sont gérées par le nœud maître qui en est responsable.

ChordMR [126, 130] a une architecture comportant trois rôles de base : Utilisateur, Maître et Esclave. Les nœuds utilisateurs sont responsables de la soumission des travaux. Les nœuds maîtres organisés en réseau Chord sont responsables de l'affectation et de l'exécution des tâches. Et les nœuds esclaves chargés des tâches MapReduce. ChordMR n'a ni coordinateur ni de nœud central de gestion, contrairement HDFS et Apache Cassandra [131].

ChordReduce [127] est conçu comme une plateforme plus abstrait pour MapReduce, capable de fonctionner sur n'importe quelle configuration distribuée arbitraire. Il exploite les caractéristiques des tables de hachage distribuées pour gérer le stockage de fichiers distribués, la tolérance aux pannes et la recherche. Il est conçu de manière à ce qu'aucun nœud ne soit un point de défaillance et qu'aucun nœud n'ait besoin de coordonner les efforts des autres nœuds pendant le traitement. Chaque nœud sauvegarde ses tâches en utilisant le même processus que celui utilisé pour toutes les autres données envoyées autour de l'anneau. Enfin, les données intermédiaires retournent à une adresse de hachage spécifiée, plutôt qu'à un nœud de hachage spécifique, éliminant tout point de défaillance unique dans le réseau. L'un des avantages de ChordReduce est son mécanisme autonome d'équilibrage de la charge. Les nœuds seront capables d'acquérir indépendamment du travail auprès d'autres nœuds du réseau, plutôt que de rester inactifs. Les nœuds les plus puissants du réseau utilisent ce mécanisme pour acquérir plus de travail, en exploitant l'hétérogénéité du réseau.

8.2.1 EclipseMR

EclipseMR [132] est un prototype de plateforme MapReduce qui utilise efficacement une grande mémoire distribuée dans des environnements de clusters. Il se compose d'un planificateur de tâches et d'un gestionnaire de ressources structuré en anneaux de hachage cohérents à doubles couches (Figure 8.1). Dans sa couche inférieure, EclipseMR utilise un système de fichiers décentralisé basé sur DHT. Dans la couche supérieure de l'anneau, un stockeur de valeurs clés en mémoire qui utilise le hachage cohérent.

Le planificateur de tâches est responsable de l'affectation des requêtes entrantes, y compris les tâches MapReduce, aux serveurs de travail dorsaux, et le gestionnaire de ressources est responsable de l'adhésion, du départ, de la reprise après défaillance et du téléchargement de fichiers des serveurs.

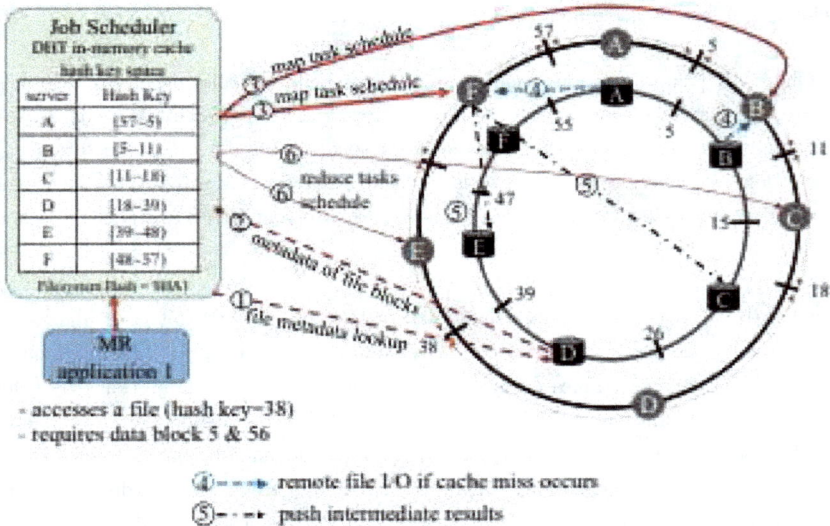

FIGURE 8.1 – Architecture de EclipseMR. [133].

Afin d'exploiter les grandes mémoires distribuées et d'augmenter le taux de réussite des caches, EclipseMR propose un planificateur de tâches LAF (Locality-Aaware Fair) qui fonctionne comme un équilibreur de charge pour les caches en mémoire distribuée. En se basant sur des clés de hachage, le planificateur de tâches LAF prédit quels serveurs ont des données réutilisables, et assigne des tâches aux serveurs afin qu'ils puissent être réutilisés. Le planificateur de tâches LAF fait de son mieux pour trouver un équilibre entre la localité des données et l'équilibre de la charge, qui sont souvent en conflit l'un avec l'autre [134].

Des études expérimentales montrent que la conception et l'implémentation contribuent à améliorer les performances du traitement MapReduce distribué. EclipseMR surpasse Hadoop et Spark pour plusieurs applications de référence représentatives, y compris les applications itératives [134].

8.2.2 P2P-Cloud

P2P-Cloud [135–137] propose des solutions innovantes à certaines de cette préoccupation. Son architecture a quatre couches (Figure 8.2). Une couche physique constituée de nœuds volontaires connectés par Internet, au-dessus de laquelle se trouve une couche de recouvrement pour la connexion logique des nœuds. La troisième couche exécute les fonctions de Map et de Reduce sur l'ensemble des données. La couche la plus externe sert d'interface pour recevoir les travaux de l'utilisateur.

P2P-Cloud utilise Chord comme protocole de superposition pour organiser les nœuds. Le programme d'amorçage (bootstrapper) agit comme une interface pour l'adhésion de nœuds et la soumission de tâches. Un nœud qui souhaite rejoindre le réseau, contacte le bootstrapper. Chaque nouveau nœud annonce son taux de réussite obtenu lors des exécutions précédentes. Les valeurs du taux de réussite correspondent au même domaine que le nodeId. Pour chaque nouvelle tâche, le bootstrapper attribue un nouvel identifiant qui est égal au nombre actuel de tâches +1. La nouvelle tâche est composée de données d'entrée et des fonctions Map et Reduce. La figure 8.3 illustre le modèle P2P-Cloud. Les nœuds esclaves téléchargent les morceaux d'entrée et exécutent la tâche Map sur ceux-ci (étape 2 de la figure 8.3). Les résultats intermédiaires sont répliqués sur le nœud successeur (étape 3 de la figure 8.3) et transférés aux nœuds réducteurs (étape 4 de la figure 8.3). Le réducteur exécute la fonction Reduce sur les données intermédiaires et transfère la sortie finale au maître primaire (étape 5 de la figure 8.3). Le maître primaire copie ensuite le résultat dans le programme d'amorçage pour que l'utilisateur puisse télécharger les résultats.

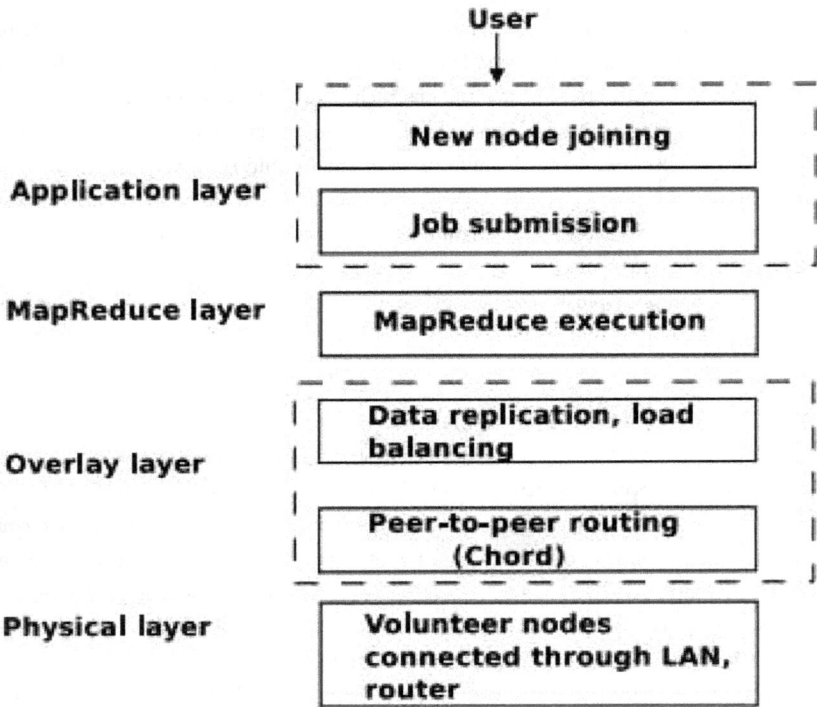

FIGURE 8.2 – Architecture en couches de P2P-Cloud [135].

8.3 Analyse de performance

Dans cette section, nous prouvons que CLOAK-Reduce peut jouer sa partition dans un monde où les principales caractéristiques des plateformes informatiques sont l'exploitation efficace des ressources de stockage et de calcul. Elle permet une fourniture d'opérations MapReduce et la prise en charge les défaillances des pairs pour améliorer la tolérance aux pannes dans l'environnement internet.

8.3.1 Analyse théorique

Bien que la préoccupation primaire du stockage distribué et des calculs parallélisés soit prise en compte au niveau de EclipseMR, P2P-Cloud et Cloak-Reduce, il existe cependant des différences significatives en ce qui concerne leur mise en œuvre.

112

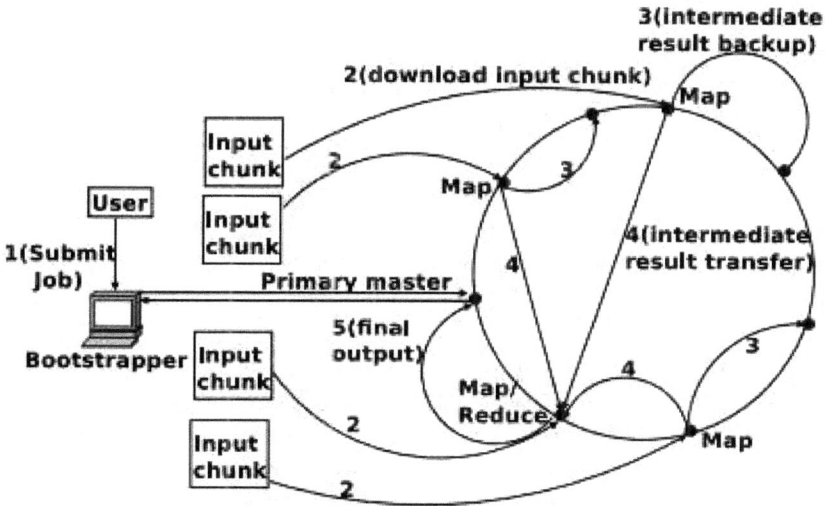

FIGURE 8.3 – Modèle de P2P-Cloud [135].

Au nombre des difficultés, nous pouvons énumérer la gestion de l'hétérogénéité des nœuds, la gouvernance des tâches, les remous et l'équilibrage de charge.

Dans notre analyse, la première approche est une étude comparative des modèles mathématiques fondée la performance de recherche de P2P-Cloud et de EclipseMR :

En supposant que la probabilité d'un nœud arbitraire situé à un endroit quelconque de P2P-Cloud à l'échelle $N = 2^m$ ou de EclipseMR est égale, et qu'elle satisfait à une distribution uniforme, la probabilité est donc la suivante : $p = \frac{1}{2^m}$

En supposant $hop(n,key)$, le saut qu'il faut au nœud n pour trouver l'identifiant key, n(key) est le nœud où se trouve la ressource key, donc $hop(n,key)$ est le nombre de sauts que le nœud n prend pour atteindre $n(key)$.

En supposant $Ehop$, l'espérance de sauts qu'un certain nœud prend pour découvrir une clé aléatoire, sachant que le nombre de nœud au niveau k est de C_m^k, avec un mécanisme de découverte de nœuds similaire à un arbre $m - aire$.

Donc le nœud sur le niveau numéro i signifie qu'il faut i pas pour atteindre ce nœud, le nombre de nœuds dans le numéro i est signé $Niveau(i)$ ici, donc le $Niveau(i) = m$.

La probabilité qu'un nœud aléatoire puisse être trouvée avec i pas serait $ph_i = Niveau(i) = C_m^k$.

113

$$Ehop_{P2P-Cloud} = \sum_{i=0}^{m} ph_i \times p \times i = \sum_{i=0}^{m} C_m \times \frac{1}{2^m} \times i \qquad (8.1)$$

$$Ehop_{EclipseMR} = \sum_{i=0}^{m-1} ph_i \times p \times i = \sum_{i=0}^{m-1} C_{m-1} \times \frac{1}{2^m} \times i \qquad (8.2)$$

Le rapport de $Ehop_{P2P-Cloud}$ sur $Ehop_{EclipseMR}$ donne :

$$\frac{Ehop_{P2P-Cloud}}{Ehop_{EclipseMR}} = \frac{\sum_{i=0}^{m} C_m \times \frac{1}{2^m} \times i}{\sum_{i=0}^{m-1} C_{m-1} \times \frac{1}{2^m} \times i} \approx \frac{m}{m-1} \qquad (8.3)$$

Ce quotient 8.3 signifie que l'exception de sauts dans le processus de recherche dans EclipseMR pourrait être réduite d'environ 1/ (m-1) ou que l'efficacité pourrait être améliorée d'environ 1/ (m-1). En somme, l'architecture à double anneau de EclipseMR réduit le nombre moyen de sauts entre pairs dans une requête de recherche et réduit la latence de la requête lorsque les pairs du même groupe sont topologiquement proches.

De même CLOAK-Reduce réduit une requête de recherche et réduit la latence de la requête aux JobBuilders d'un même JobManager, car sa structure est un arbre $m - aire$ avec $m \geq 3$. Cette approche est supérieure à celle de P2P-Cloud. Bien que la fiabilité des nœuds de P2P-Cloud ait été estimée en utilisant l'algorithme *Exponential Weighted Moving Average (EWMA)* [135].

Cependant, nous avons accentué notre étude comparative sur P2P-Cloud et CLOAK-Reduce, car malgré l'avenir très prometteur de EclipseMR, l'ajout de fonctionnalités non triviales était devenu presque impossible [134].

8.3.2 Simulation

Dans cette deuxième approche, nous comparons les performances de CLOAK-Reduce avec celles de P2P-Cloud en termes de tolérance aux pannes afin de justifier la robustesse de CLOAK-Reduce. Pour les contraintes matérielles, nous fixons le taux de churn à 10%, pendant la période d'exécution des tâches de Map et de Reduce et choisissons des tailles de fichiers de 128, 256, 512 et 1024 Mo respectivement.

Toutes les expériences ont été réalisées sur un PC équipé d'un processeur Intel Core i5 à 2,60 GHz et de 8 Go de mémoire, sous Windows 10 Professional. Les churns sont indépendants et se produisent de manière aléatoire. La comparaison des deux plateformes se concentrera sur les indicateurs de performance suivants.

1. le temps total écoulé avec et sans remous durant les phases Map et Reduce.

2. échanges de messages entre le gestionnaire de ressources (RM) et les nœuds exécutants esclaves pour P2P-Cloud et les Schedulers, JobManagers et JobBuilders pour CLOAK-Reduce avec et sans remous.

8.3.3 Résultats des soumissions Map et Réduce

1. CLOAK-Reduce est légèrement plus performant que P2P-Cloud lorsqu'il n'y a pas de défaillance pour une plateforme CLOAK-Reduce de réplication C5R5. Par contre, P2P-Cloud présente une meilleure performance lorsque les réplications sont C1R5 ou C5R1. La Figure 8.4 illustre ce comportement.

2. Le Figure 8.5 comparent le temps total écoulé dans le cas de P2P-Cloud et CLOAK-Reduce avec un churn de 10% pendant la phase Map. Nous constatons que CLOAK-Reduce de réplication C5R5 présente une meilleure performance sur CLOAK-Reduce de réplication C1R5 et P2P-Cloud qui sont meilleure que CLOAK-Reduce de réplication C5R1.

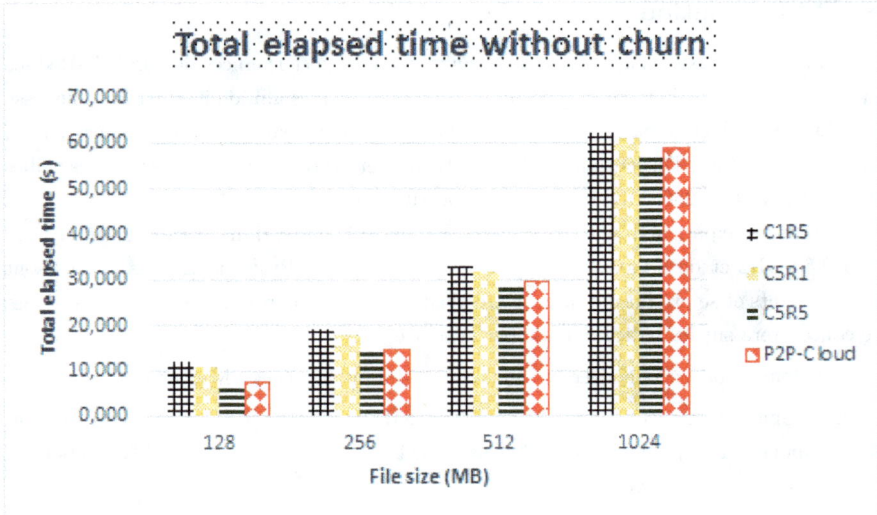

FIGURE 8.4 – Temps total écoulé sans churn

3. De même, le Figure 8.6 comparent le temps total écoulé avec un churn similaires pendant la phase Reduce. Nous constatons que CLOAK-Reduce de réplication C5R5 présente une meilleure performance sur P2P-Cloud qui est meilleure que CLOAK-Reduce de réplication C5R1. Cependant CLOAK-Reduce de réplication C1R5 présente reste très souvent indéterminée.

8.3.4 Analyse des messages échangés

Soit N l'ensemble des nœuds dédié à l'exécution d'une tâches J. La tâche J est divisée en T sous-tâches. Chaque nœud n $\in$ N peut se voir attribuer une ou plusieurs sous-tâches. Soit τ la fréquence d'envoi du message de vie d'un nœud exécutant, t_j le nombre de tâches assignées au nœud exécutant n, s_n le taux de réussite du nœud exécutant, χ_n représente le temps pendant lequel le nœud exécutant n'a pas exécuté avant de partir et χ_j le temps d'exécution du travail.

1. **Initialisation du travail :** Les messages échangés pour l'affectation des tâches et des sous-tâches.

   Dans le cas du P2P-Cloud, le nombre de messages d'initialisation des tâches est

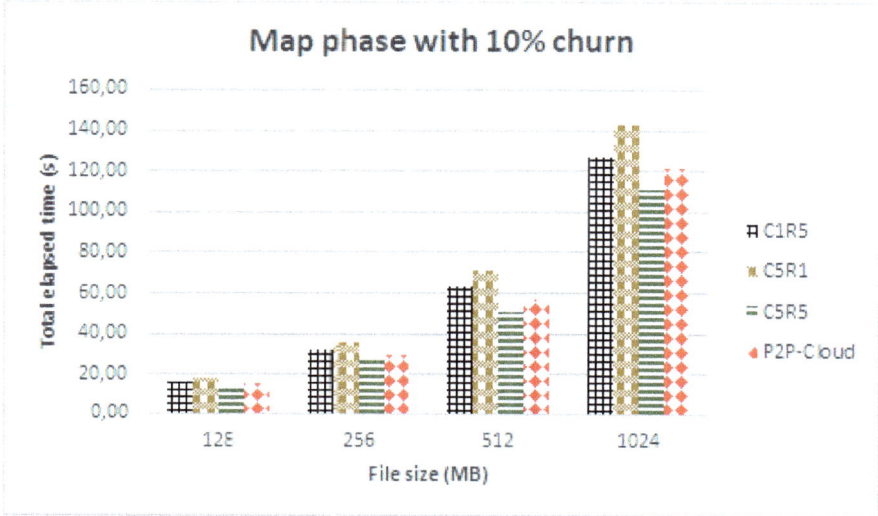

FIGURE 8.5 – Temps total écoulé sans churn

messages d'initialisation de tâches sont,

$$5 + 2T + \sum_{t_j \in T, n \in N} t_j(1 - s_n) \tag{8.4}$$

Le nombre total de messages d'initialisation de tâches échangés dans CLOAK-Reduce sera le même que dans P2P-Cloud et est calculé comme suit,

$$5 + 2T + \sum_{t_j \in T, n \in N} t_j(1 - s_n) \tag{8.5}$$

2. **Messages de coordination :** Les messages périodiques échangés entre les nœuds maître et esclave pour vérifier la vivacité du nœud esclave.

Les messages échangés dans le cas du P2P-Cloud sont,

$$\sum_{T}^{t=1} \sum_{n=1}^{N} 2(\frac{\chi_n}{\tau}) \tag{8.6}$$

Dans le cas de CLOAK-Reduce, le total des messages échangés est de :

— le nombre maximal de nœuds que peut posséder un arbre ternaire de hauteur

117

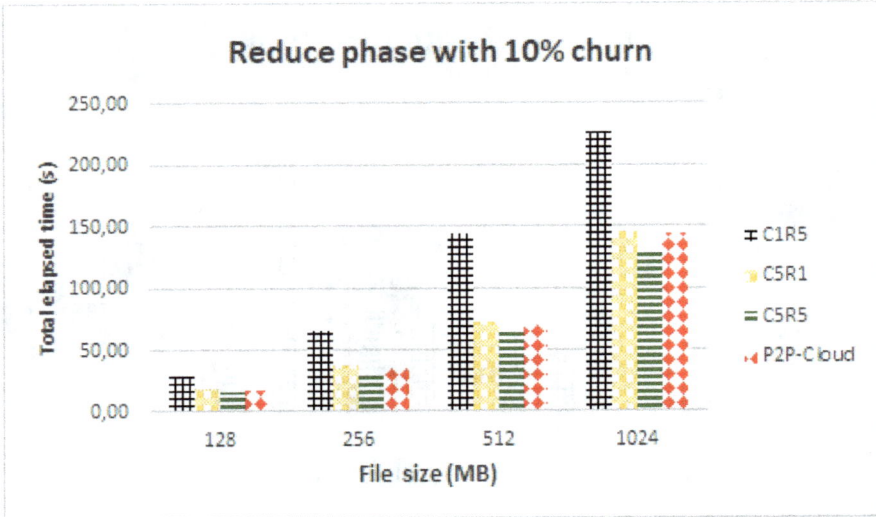

FIGURE 8.6 – Temps total écoulé sans churn

$h \geq 0$ est :

$$\sum_{i=0}^{h} 3^i = \frac{3^{h+1} - 1}{2} \tag{8.7}$$

Or un JM n'est éligible cas un degré $\delta \geq 3$ et $\delta < (h-1)$

— la hauteur minimale que peut atteindre un arbre ternaire de n > 0 nœuds :

$$n = \frac{3^{h+1} - 1}{2} \Rightarrow h = \lceil \log_3(2n+1) - 1 \rceil \tag{8.8}$$

— la hauteur maximale que peut atteindre d'un arbre ternaire de n > 0 nœuds :

$$h = \lceil \frac{n-1}{3} \rceil \tag{8.9}$$

Le total des messages échangés dans P2P-Cloud est calculé comme suit,

$$\left(5 + 2T + \sum_{t_j \in T, n \in N} t_j(1 - s_n) \right) + \left(\sum_{T}^{t=1} \sum_{n=1}^{N} 2(\frac{\chi_n}{\tau}) \right) \tag{8.10}$$

Le total des messages échangés dans CLOAK-Reduce est calculé comme suit,

$$\left(5 + 2T + \sum_{t_j \in T, n \in N} t_j(1 - s_n) \right) + 3 \left(\sum_{T}^{t=1} \sum_{n=3}^{N} (\frac{\chi_n}{\tau}) \right) \tag{8.11}$$

1. Dans le cas du P2P-Cloud, le maître primaire joue à la fois le rôle de ressource manager (RM) et de maître d'application (AM). Ainsi, le nombre de messages échangés entre le maître primaire et tous les nœuds esclaves sont approximativement égaux lorsqu'il n'y a pas de churns.

2. Dans le cas de CLOAK-Reduce, les JobBuilders envoient une situation de leur charge à leur JobManager. Et les JobManagers envoient leur situation à leur Scheduler. Les Schedulers échangent les informations sur leur charge entre eux et envoient une situation à la racine. Cela conduit à un plus petit nombre d'échanges de messages.

Le nombre de messages relatif à l'équilibrage de charge échangé dans le cas de P2P-Cloud est inférieur à celui de CLOAK-Reduce. Dans le cas de P2P-Cloud, le nœud esclave envoie un message de vie uniquement au maître primaire qui a une double fonctions de RM et de AM. Ce qui entraine un goulot au niveau des nœuds maitres. Bien que CLOAK-Reduce est une quantité d'échange supérieure, elle offre cependant plus sécurité et efficacité dans les traitements MapReduce.

8.4 Conclusions

Nous avons réalisé une étude comparée des solutions Big Data à base de DHT et notre plateforme CLOAK-Reduce. Une analyse théorique des plateformes, EclipseMR, P2P-Cloud et Cloak-Reduce, montre que la préoccupation primaire du stockage distribué et des calculs parallélisés sont prises en compte.

Cependant, il existe des différences significatives dans leur mise en œuvre. Une étude comparative des modèles mathématiques fondée la performance de recherche de P2P-Cloud et de EclipseMR, montre que l'efficacité de EclipseMR est meilleure de m / (m-1) par rapport à P2P-Cloud ou CLOAK-Reduce. Cependant, l'ajout de fonctionnalités triviales à EclipseMR est presque impossible.

Par la suite une analyse des résultats de simulation dans des conditions avec et sans remous, montre que notre plateforme CLOAK-Reduce de réplication radiale et circulaire (5 x 5) a un meilleur temps de latence par rapport à la plateforme.

La structuration hybride de notre plateforme lui permet d'atteindre de bonnes performances de soumission de charge globales, d'équilibrage de charge et de restitution de tâches distribuées. Ces approches ont été résolues par le mécanisme de réplication radiale pour les tâches intermédiaires et de réplication circulaire pour la soumission des tâches de stockage. Les tâches en attente de soumission sont stockées au niveau de la racine.

En somme, cette étude montre également la flexibilité de l'espace de nommage et d'équilibrage de charge de CLOAK-Reduce.

119

Comme perspective, nous analyserons le coût de la communication des échanges entre les nœuds, candidates, les nœuds inactifs et leur nœud élu pour une optimisation des coûts de communication de la plateforme CLOAK-Reduce.

```
┌─────────────┐
│Chapitre  9  │
└─────────────┘
```

Conclusions et perspectives

Les DHT sont des plateformes pour les applications distribuées qui sont basées sur des tables de hachage simples et puissantes. Elles sont conçues avec des applications P2P. Aussi regroupent-elles des qualites nécessaires dans un environnement de calcul distribué telles que : l'évolutivité, la tolérance aux pannes et à l'équilibrage de charge.

Toutefois, la gestion non-optimale des qualités peut influencer le rendement des plateformes. Aussi, pour la mise en place d'une plateforme idoine de stockage distribué et le traitement parallélisé, a-t-elle nécessité une situation des plateformes existantes, des outils et méthodes nécessaires à leur conception et leur implémentation. Cette étude de l'existant, nous a permis de cerner les problèmes récurrents de ses infrastructures à savoir la non-optimisation des stratégies de stockage distribué et de traitement parallélisé.

Ainsi, dans l'optique de mettre à la portée de la communauté une plateforme pouvant répondre à leurs attentes, nous avons porté une attention particulière sur la DHT CLOAK, plateforme socle de notre approche. Nous avons modifié son architecture initiale en y ajoutant une couche de sécurité basée sur la coloration RGB. Ensuite, nous avons évalué les mécanismes de réplication circulaire et radiale afin de performer la soumission de nos tâches Map et Reduce à travers les requêtes STORE et LOOKUP. Les résultats des simulations ont prouvé l'efficacité de la réplication circulaire pour la recherche et de la réplication radiale pour le stockage, informations utiles pour la suite de nos travaux.

Forts de ces résultats obtenus, nous avons implémenté une première version de notre prototype à partir de la DHT CLOAK. Et nous sommes intéressées au second problème qui est l'optimisation de charge. Nous avons pour développer un mécanisme d'équilibrage de charge autonome et flexible pour résoudre le problème du traitement parallélisé. Ce mécanisme dispatche aux nœuds n'ayant pas atteint un seuil de charge de travail ou inactifs, une partie de la charge des nœuds surchargés ou des nœuds ayant quitté le réseau.

L'analyse des résultats issus de simulation confirme que la structure à quatre niveaux est stable dans un environnement dynamique. En effet, les nouveaux nœuds élus ne reprenaient pas les travaux soumis, mais continuaient juste les travaux soumis en utilisant les mécanismes de réplication prédéfinis. Une simulation comparative de notre prototype et de la DHT CLOAK, a mis en évidence l'efficacité de notre stratégie de charge. Car nous avons constaté une nette amélioration des indicateurs de performance simulés.

Suite à cette nouvelle conclusion, nous avons baptisé notre prototype de stockage distribué et traitement parallélisé **CLOAK-Reduce**, qui est un hybride de plateforme DHT CLOAK et de MapReduce. Une plateforme dédiée au stockage distribué et au traitement parallélisé.

Afin de mettre à la disposition de la communauté scientifique note plateforme, nous avons effectué une étude comparative portant sur CLOAK-Reduce, P2P-Cloud et EclipseMR. Cette étude confirme tout espoir porté sur la plateforme CLOAK-Reduce. Cependant, la limitation des ressources nous a contraints à mener cette étude strictement dans un cadre primaire avec deux micro-ordinateurs personnels et des outils de modélisation et de simulation.

La principale contribution de cette thèse est l'implémentation d'une plateforme de stockage distribué et de traitement parallélisé basé sur la DHT CLOAK et MapReduce. CLOAK-Reduce, comme nous l'avons nommé, a permet d'optimiser l'utilisation de MapReduce sur la DHT CLOAK *améliorée*. CLOAK-Reduce est complètement décentralisé et tolérant aux pannes, capable de gérer les nœuds qui entrent et sortent du réseau pendant les périodes de remous. Elle peut distribuer efficacement une soumission dans un environnement dynamique de 10% et sans une perte significative du temps d'exécution des tâches Map et Reduce.

Nos perspectives de recherche sont axés sur les prédictions liées aux enjeux et défis du développement durable. Il s'agit de concevoir et de simuler des modèles basés sur l'intelligence artificielle qui à partir des données massives collectées sur des phénomènes non maîtrisés arrivent à prédire les évolutions et ainsi faciliter les prises de décision.

Bibliographie

[1] Thomas Bourany, (2018), 'Les 5v du big data. Regards croises sur l'economie", (2) :27–31. lu 05 sept 2019

[2] Tristan Gaudiaut, https : // fr.statista.com /infographie / 17800 / big-data-evolution-quantite-donnees-numeriques-creees-dans-le-monde/ lu 15 09 2020 à 05h45

[3] Karoui, Myriam, Grégoire Davauchelle, and Aurélie Dudezert, (2014), "Big data. Mise en perspective et enjeux pour les entreprises", Ingénierie des Systèmes d Inf., 19(3), 73-92.

[4] Sansen, J. (2017), "La visualisation d'information pour les données massives : une approche par l'abstraction de données" (Doctoral dissertation, Bordeaux).

[5] https ://www.lebigdata.fr/definition-big-data lu 15 06 2021 à 11h28

[6] Telesphore Tiendrebeogo, Daouda Ahmat, and Damien Magoni. (2014), "Évaluation de la fiabilité d'une table de hachage distribuée construite dans un plan hyperbolique". Technique et Science Informatique, TSI, Volume 33 - n ◦ 4/2014, Lavoisier, pages 311–341, Juin

[7] Jeffrey Dean and Sanjay Ghemawat.(2008), Mapreduce simplified data processing on large clusters. Communications of the ACM, 51(1) :107–113.

[8] Than Than Htay et Sabai Phyu. (2020), "Improving the performance of Hadoop MapReduce Applications via Optimization of concurrent containers per Node". In : 2020 IEEE Conference on Computer Applications (ICCA). IEEE. p. 1-5.

[9] Steve Lohr. The origins of 'big data' : An etymological detective story. New York Times, 1, 2013.

[10] Matthieu Latapy and David Chavalarias, (2017), "L'analyse à grande échelle de nos traces numériques".

[11] Press, G., (2013), "A very short history of big data". Forbes. Retrieved from

[12] Laney, D., (2001), "3D Data Management : Controlling Data Volume, Velocity, and Variety," Gartner, Gartner (ed.).

[13] Al Ghamdi, A., Thomson, T., (2018), "Big Data Storage and Its Future",. In 2018 International Conference on Computing Sciences and Engineering (ICCSE) (pp. 1-6). IEEE., March

[14] Recommendation ITU-T Y.3600 (2015), "Big data – Cloud computing based requirements and capabilities", Printed in Switzerland Geneva, 11/2015 .

[15] Josiane Mothe, Yoann Pitarch, and Éric Gaussier, (2014), "Big data : le cas des systèmes d'information", Ingénierie des Systèmes d'Information, 19(3) :9–48.

[16] Fatma Ben Amor and Abderrazak Mkadmi, (2018) , "Les archives à l'ère des big data : Les enjeux de l'archivage des données numériques massives", In Proceedings of the 1st International Conference on Digital Tools and Uses Congress, page 18. ACM.

[17] Andrea De Mauro, Marco Greco, and Michele Grimaldi., (2016), "A formal definition of big data based on its essential features",. Library Review, 65(3) :122–135.

[18] Tian Y., (2017), "Accélérer la préparation des données pour l'analyse du big data"., PhD thesis, Paris, ENST.

[19] CARLIER Alphonse, (2006), "Stratégie appliquée à l'audit des SI : OSSAD, MERISE, AXIAL, MDA, UML, IDEFO, MEHARI, MELISA, MARION", (3° Éd.), Hermès / Lavoisier, P 432

[20] Yu, Q., Li, S., Raviv, N., Kalan, S. M. M., Soltanolkotabi, M., and Avestimehr, S. A., (2019), "Lagrange coded computing : Optimal design for resiliency, security, and privacy",. In The 22nd International Conference on Artificial Intelligence and Statistics (pp. 1215-1225). PMLR., April

[21] Michael Bushong, (2016), "Six considerations for big data networks", searchsdn.techtarget.com, Accessed Web on March

[22] International Organization for Standardization,(2000), "Industrial automation systems -requirements for enterprise-reference architectures and methodologies".

[23] Raul Estrada, (2016) Fast Data Processing Systems with SMACK Stack. Packt Publishing Ltd.

[24] N. Marz and J. Warren, (2015), "Big Data : Principles and Best Practices of Scalable Realtime Data Systems". Greenwich, CT, USA : Manning Publications Co., 1st ed.

[25] J. Kreps,(2014) ,"Questioning the lambda architecture".

[26] R. C. Fernandez, P. Pietzuch, J. Kreps, N. Narkhede, J. Rao, J. Koshy, D. Lin, C. Riccomini, and G. Wang,(2015), "Liquid : Unifying Nearline and Offline Big Data Integration," Cidr.

[27] R. Estrada and I. Ruiz, (2016), "Big Data SMACK : A Guide to Apache Spark, Mesos, Akka, Cassandra, and Kafka". Apress.

[28] Mike Wasson, (2018), "Style d'architecture big data - azure application architecture guide".

[29] Ahmed Oussous, Fatima-Zahra Benjelloun, Ayoub Ait Lahcen, and Samir Belfkih, (2018), "Big data technologies : A survey", Journal of King Saud University-Computer and Information Sciences, 30(4) :431–448.

[30] Rabi Prasad Padhy.,(2013), 'Big data processing with hadoop-mapreduce in cloud system's, International Journal of Cloud Computing and Services Science, 2(1) :16.

[31] Pandey, Vaibhav, and Poonam Saini,(2018), "How heterogeneity affects the design of Hadoop MapReduce schedulers : a state-of-the-art survey and challenges." Big data 6.2 : 72-95.

[32] Kulkarni, Amogh Pramod, and Mahesh Khandewal, (2014), "Survey on Hadoop and Introduction to YARN".

[33] Prabhu, Yogesh, and Sachin Deshpande, (2018), "Transformation of Hadoop : A Survey.", IJSTE - International Journal of Science Technology & Engineering | Volume 4 | Issue 8 | February ISSN (online) : 2349-784X

[34] Fox, Geoffrey C., et al., (2015), "Hpc-abds high performance computing enhanced apache big data stack". In 2015 15th IEEE/ACM International Symposium on Cluster, Cloud and Grid Computing (pp. 1057-1066). IEEE, May.

[35] Shachi Marathe, (2017), "AN INTRODUCTION TO HADOOP" https ://www.mindtory.com/an-introduction-to-hadoop/ April 29

[36] Neha Verma, Dheeraj Malhotra, et Jatinder Singh. (2020), "Big data analytics for retail industry using MapReduce-Apriori framework". Journal of Management Analytics, p. 1-19.

[37] Tom White. Hadoop : The definitive guide. " O'Reilly Media, Inc.", 2015.

[38] Lagwankar, Ishaan, Ananth Narayan Sankaranarayanan, and Subramaniam Kalambur, (2020), "Impact of Map-Reduce framework on Hadoop and Spark MR Application Performance." 2020 IEEE International Conference on Big Data (Big Data). IEEE.

[39] Anushree Raj and Rio D'Souza, (2019), "A review on hadoop eco system for big data".

[40] Afrati, Foto, et al., (2016), "Assignment problems of different-sized inputs in mapreduce". ACM Transactions on Knowledge Discovery from Data (TKDD), 11(2), 1-35.

[41] Subramanian, Nalini, and Andrews Jeyaraj., (2018), "Recent security challenges in cloud computing." Computers & Electrical Engineering 71 : 28-42.

[42] Carnino, Guillaume, and Clément Marquet, (2018). Les datacenters enfoncent le cloud : enjeux politiques et impacts environnementaux d'internet. Zilsel, (1), 19-62.

[43] Guetmi, N. (2016). Modèles de conception pour des applications collaboratives dans le cloud (Doctoral dissertation, Chasseneuil-du-Poitou, Ecole nationale supérieure de mécanique et d'aérotechnique).

[44] Quentin Baert, Anne-Cécile Caron, Maxime Morge, et al., (2019),'Stratégie situationnelle pour l'équilibrage de charge".

[45] Hadi Hashem, (2016), "Modélisation intégratrice du traitement BigData". PhD thesis, Université Paris-Saclay.

[46] Jacques Lonchamp, (2017), "Introduction aux systèmes informatiques : Architectures, composants, mise en œuvre ", Dunod, Paris, p 1-10

[47] https ://openclassrooms.com/fr/courses/4297166-realisez-des-calculs-distribues-sur-des-donnees-massives/4308656-familiarisez-vous-avec-hadoop le 24 10 2019

[48] Imane Mnie Filali., (2016), "Distribution multi-contenus sur Internet". PhD thesis, Côte d'Azur.

[49] Yu-Wei Eric Sung, Michael A Bishop, and Sanjay G Rao. Enabling contribution awareness in an overlay broadcasting system. IEEE Transactions on Multimedia, 9(8) :1605–1620,2007.

[50] Malika Bachir (2019). Ordonnancement Tolérant Aux Fautes Pour Les Systèmes Distribués Temps Réel Embarqués (Doctoral dissertation, Université de Batna 2).

[51] Willy Malvaut-Martiarena. Vers une architecture pair-à-pair pour l'informatique dans le nuage. PhD thesis, Université de Grenoble, 2011.

[52] Globa, L. S., Kurdecha, V. V., and Shoferivskyi, A. S. (2018). Three-tier architecture for Internet of Things networks.

[53] Guy Douglas. Copyright and peer-to-peer music file sharing : the napster case and the argument against legislative reform. Murdoch University Electronic Journal of Law, Murdoch, Australia, 11(1), 2004.

[54] Saif Benjaafar, Guangwen Kong, Xiang Li, and Costas Courcoubetis. Peer-to-peer product sharing : Implications for ownership, usage, and social welfare in the sharing economy. Management Science, 65(2) :477–493, 2018.

[55] Andrew S. Tanenbaum and Maarten Van Steen,(2007), "Distributed systems : principles and paradigms", 2nd edn. Prentice-Hall, Upper Saddle River, NJ

[56] Wautelet F., Régulation de charge dans les systèmes distribués : architecture et algorithmes,.Mini-Workshop "Systèmes Coopératifs. Matière Approfondie", Institut d'informatique, Namur, Belgique, 2002.

[57] Jacob, B., Brown M., Fukui, K., & Trivedi, N. (2005). Introduction to grid computing. IBM redbooks, 3-6.

[58] Carl Kesselman Ian Foster. The Grid, Blueprint for a new Computing Infrastructure. Morgan Kaufmann Publishers,première édition, 1998.

[59] Bote-Lorenzo, Miguel L., Yannis A. Dimitriadis, and Eduardo Gómez-Sánchez, (2003), "Grid characteristics and uses : a grid definition." European Across Grids Conference. Springer, Berlin, Heidelberg.

[60] Ian FOSTER., (2005), "Globus toolkit version 4 : Software for service-oriented systems". In : Network and parallel computing. Springer p. 2–13.

[61] Djawida Dib, (2010), "Migration dynamique d'applications réparties virtualisées dans les fédérations d'infrastructures distribuées".

[62] Peter Mell and Timothy Grance. The nist definition of cloud computing, national institute of standards and technology, us department of commerce. Web Link : http ://csrc. nist.gov/publications/nistpubs/800-145/SP800-145. pdf, 2011. lu le 14 03 2020

[63] Jessica Bushey, Marie Demoulin, and Robert McLelland. Cloud service contracts : An issue of trust/les contrats de service d'informatique en nuage : Une question de confiance. Canadian Journal of Information and Library Science, 39(2) :128–153, 2015.

[64] Nader Mbarek, (2020), "Gestion du niveau de service dans le Cloud", Gestion du niveau de service dans les environnements émergents, 49.

[65] Abdelbasset Barkat, (2018), "Composition de service web dans le cloud computing", (Doctoral dissertation, Université Mohamed KHIDER-BISKRA).

[66] Tiendrebeogo B. Telesphore, (2013), "Système dynamique et réparti de nommage à indirections multiples pour les communications dans l'Internet" (Doctoral dissertation, Bordeaux 1).

[67] Ion Stoica, Robert Morris, David Liben-Nowell, David R Karger, M Frans Kaashoek, Frank Dabek, and Hari Balakrishnan. Chord : a scalable peer-to-peer lookup protocol for internet applications. IEEE/ACM Transactions on Networking (TON), 11(1) :17–32, 2003.

[68] Nicholas JA Harvey, John Dunagan, Mike Jones, Stefan Saroiu, Marvin Theimer, and Alec Wolman. Skipnet : A scalable overlay network with practical locality properties. 2002.

[69] Antony Rowstron and Peter Druschel. Pastry : Scalable, decentralized object location, and routing for large-scale peer-to-peer systems.In IFIP / ACM International-

ConferenceonDistributed Systems Platforms and Open Distributed Processing, pages 329–350. Springer, 2001.

[70] Petar Maymounkov and David Mazieres. Kademlia : A peer-to-peer information system based on the xor metric. In International Workshop on Peer-to-Peer Systems, pages 53–65. Springer, 2002.

[71] Ian Clarke. Freenet's next generation routing protocol, 2003.

[72] Gu, Tao, Hung Keng Pung, and Daqing Zhang, (2020), "A hierarchical semantic overlay for P2P search." arXiv preprint arXiv :2003.05001.

[73] Minsky, M., (1965), Matter, mind and models. MIT Press

[74] A. Pavé, (2012), "Modélisation des systèmes vivants", Lavoisier.

[75] C. Bergeron, (2015), "Vision mathématique sur l'équilibre de la biodiversité", Association mathématique du Québec

[76] Mouha, N., Raunak, M. S., Kuhn, D. R., & Kacker, R. (2018). Finding bugs in cryptographic hash function implementations. IEEE transactions on reliability, 67(3), 870-884.

[77] FIPS PUB 180-4, (2015), https ://nvlpubs.nist.gov/nistpubs/FIPS/NIST.FIPS.180-4.pdf

[78] Ismail Lotfi,(2017),"Cryptographie à base de courbes elliptiques", 13 juin DOI : 10.13140/RG.2.2.33984.84485

[79] S. A. Mostafa, S. S. Gunasekaran, A. Mustapha, M. A. Mohammed, and W. M. Abduallah, (2020), "Modelling an Adjustable Autonomous Multiagent Internet of Things System for Elderly Smart Home", in Advances in Neuroergonomics and Cognitive Engineering, Cham, pp. 301– 311, doi : 10.1007/978-3-030-20473-0-29.

[80] S. R. Zeebaree, L. M. Haji, I. Rashid, R. R. Zebari, O. M. Ahmed, K. Jacksi, and H. M. Shukur,(2020), "Multicomputer Multicore System Influence on Maximum Multi-Processes Execution Time", TEST Engineering and Management, vol. 83, no. May/June, pp. 14921–14931, May .

[81] O. H. Jader, S. R. Zeebaree, and R. R. Zebari,(2019), "A State Of Art Survey For Web Server Performance Measurement And Load Balancing Mechanisms." International Journal of Scientific and Technology Research (IJSTR), vol. 8, no. 12, pp. 535-543.

[82] Laan Sjaak. (2017). IT Infrastructure Architecture-Infrastructure Building Blocks and Concepts Third Edition. Lulu. com.

[83] Patrice Sawyer, (2004), "Géométrie hyperbolique pour les non-initié'. Acfas-Sudbury.

[84] Sverrir Thorgeirsson, (2014), "Hyperbolic geometry : history, models, and axioms".

[85] Shearman, T. L., and Venkataramani, S. C., (2021), "Distributed branch points and the shape of elastic surfaces with constant negative curvature", Journal of Nonlinear Science, 31(1), 1-60.

[86] Bläsius, Thomas, et al., (2018), "Hyperbolic embeddings for near-optimal greedy routing." 2018 Proceedings of the Twentieth Workshop on Algorithm Engineering and Experiments (ALENEX). Society for Industrial and Applied Mathematics.

[87] Inukollu, Venkata Narasimha, Sailaja Arsi, and Srinivasa Rao Ravuri, (2014), Security issues associated with big data in cloud computing. International Journal of Network Security & Its Applications, 6(3), 45.

[88] Diwan, Vanya, Shubhra Malhotra, and Rachna Jain,(2014), "Cloud security solutions : Comparison among various cryptographic algorithms". IJARCSSE, April.

[89] G. SankaraRao et al. "Data Security With Colors Using RSA", Int. Journal of Engineering Research and Applications ISSN : 2248-9622, Vol. 4, Issue 9(Version 3), pp.95-99, September 2014.

[90] Diwan et al.,"Cloud Security Solutions : Comparison among Various Cryptographic Algorithms", International Journal of Advanced Research in Computer Science and Software Engineering 4(4), pp. 1146-1148, April - 2014.

[91] Rijmen, Vincent, and Joan Daemen. (2001). Advanced encryption standard. Proceedings of Federal Information Processing Standards Publications, National Institute of Standards and Technology, 19-22.

[92] Ronald L. Rivest, Adi Shamir and Len Adleman, (1978), "A Method for Obtaining Digital Signatures and Public-Key Cryptosystems", Communications of the ACM 21, no. 2 February : 120–126.

[93] Rivest, Shamir, Adleman. "A Method for Obtaining Digital Signatures and Public-Key Cryptosystems."

[94] V.S.Miller, "Use of Elliptic Curves in ryptography," Advances in Cryptology : Proceedings of Crypto '85, vol.218, pp. 417-426, 1986.

[95] N. Koblitz, "Elliptic Curve Cryptosystems," Mathematics of Computation, vol. 48, no. 177, pp. 203- 209, 1987.

[96] Chen, Ken. (2014), "Evaluation de performances par simulation et analyse : applications aux réseaux informatiques". ISTE Group.

[97] Naicken, S., Livingston, B., Basu, A., Rodhetbhai, S., Wakeman, I., & Chalmers, D., (2007), "The state of peer-to-peer simulators and simulations", ACM SIGCOMM Computer Communication Review, 37(2), 95-98.

[98] Wajdi Tounsi,(2018), "Comparaison des Approches DDMRP et EOQ : Modélisation et Simulation d'un Cas d'Étude" (Doctoral dissertation, Ecole Polytechnique, Montreal (Canada)).

[99] Camus, B., Galtier, V., & Caujolle, M. (2016). "Hybrid Co-simulation of FMUs using DEV&DESS in MECSYCO". In 2016 Symposium on Theory of Modeling and Simulation (TMS-DEVS) (pp. 1-8). IEEE., April

[100] Alberto Montresor and Márk Jelasity. (2009), Peersim : A scalable p2p simulator. In 2009 IEEE Ninth International Conference on Peer-to-Peer Computing, pages 99–100. IEEE.

[101] E.Goncalvès,(2014), "Introduction aux systèmes dynamiques et chaos", Thèse de doctorat, Institut National Polytechnique De Grenoble.

[102] G. Osipenko,1889, "Dynamical systems graphe and algorithms", Springer.

[103] S. Reshma and C. Prakash, "Analysis of Vanet Technologies", International Journal of Scientific and Engineering Research, Vol. 8, Issue 6, 2017.

[104] Lahby, M., (2020), "Contributions à la modélisation et à l'optimisation des problèmes en temps réel", (Doctoral dissertation, FST Mohammedia).

[105] Ankur Dubey. Installation of routing tables for logical router in route server mode, January 4 2018. US Patent App. 15/197,713.

[106] Aubry, E., (2017), "Protocole de routage pour l'architecture NDN", (Doctoral dissertation, Université de Lorraine).

[107] Fraire, Juan A., et al., (2018), "On route table computation strategies in Delay-Tolerant Satellite Networks". Ad Hoc Networks, 80, 31-40.

[108] Yeferny, Taoufik, and Khedija Arour, (2021), "Analyse formelle de concept pour le routage des requêtes dans les systèmes pair-à-pair." arXiv preprint arXiv :2102.05626.

[109] Tiendrebeogo Telesphore,(2017), "A Scalable Architecture for Secured Access to Distributed Services." EAI Endorsed Transactions on Scalable Information Systems 4.13

[110] Ping, Y. (2020). Load balancing algorithms for big data flow classification based on heterogeneous computing in software definition networks. Journal of Grid Computing, 1-17.

[111] Bhushan, K., (2020), "Load Balancing in Cloud Through Task Scheduling". In Recent Trends in Communication and Intelligent Systems (pp. 195-204). Springer, Singapore.

[112] Gao, X., Liu, R., Kaushik, A., (2020), "Hierarchical multi-agent optimization for resource allocation in cloud computing". IEEE Transactions on Parallel and Distributed Systems, 32(3), 692-707.

[113] Abdalkafor, A. S., Jihad, A. A., Allawi, E. T., (2021), A cloud computing scheduling and its evolutionary approaches. Indonesian Journal of Electrical Engineering and Computer Science, 21(1), 439-496.

[114] Telesphore Tiendrebeogo, (2013), "Système dynamique et réparti de nommage à in-directions multiples pour les communications dans l'Internet" (Doctoral dissertation, Bordeaux 1).

[115] Jungha Lee, Jaehwa Chung, and Daewon Lee., (2015), "Efficient data replication scheme based on hadoop distributed file system", International Journal of Software Engineering and Its Applications, 9(12) :177–186.

[116] Mokadem, R., Hameurlain, A., (2015), "Data replication strategies with performance objective in data grid systems : a survey"., Int. J. of Grid and Utility Computing 6(1), pp. 30-46.

[117] Khaoula Tabet, Riad Mokadem, Mohamed Ridda Laouar, and Sean Eom., (2017), "Data replication in cloud systems : A survey"., International Journal of Information Systems in the Service Sector, 8(3) :17–33, jun. doi : 10.4018/IJISSC.2017070102.

[118] Tyagi, Rinki, and Santosh Kumar Gupta., (2018), "A survey on scheduling algo-rithms for parallel and distributed systems", In Silicon Photonics & High Performance Computing (pp. 51-64). Springer, Singapore.

[119] Koya Mitsuzuka, Ami Hayashi, Michihiro Koibuchi, Hideharu Amano, and Hiroki Matsutani, (2017), "In-switch approximate processing : Delayed tasks management for mapreduce applications". In 2017 27th International Conference on Field Pro-grammable Logic and Applications (FPL), pages 1–4. IEEE.

[120] Arunarani, A. R., Manjula, D., Sugumaran, V. (2019). Task scheduling techniques in cloud computing : A literature survey. Future Generation Computer Systems, 91, 407-415.

[121] Kumar, M., Sharma, S. C., Goel, A., Singh, S. P. (2019). A comprehensive survey for scheduling techniques in cloud computing. Journal of Network and Computer Applications, 143, 1-33.

[122] Benjamin R.Knaus, (2013). An Analysis of Peer-to-Peer Distributed Hash Algo-rithms in Improving Fault Tolerance in the Hadoop Running Environment.

[123] Mansouri, N., Javidi, M. M. (2020). A review of data replication based on meta-heuristics approach in cloud computing and data grid. Soft computing, 1-28.

[124] Yahya Hassanzadeh-Nazarabadi, Alptekin Küpçü, et Öznur Özkasap. Decentralized and locality aware replication method for DHT-based P2P storage systems. Future Generation Computer Systems, 2018, vol. 84, p. 32-46.

[125] Sébastien Monnet, (2015), "Contributions à la réplication de données dans les systèmes distribués à grande échelle" (Doctoral dissertation, UPMC Université Paris VI).

[126] Jiagao Wu, Hang Yuan, Ying He, and Zhiqiang Zou,(2014), "Chordmr : A p2p-based job management scheme in cloud". Journal of Networks, 9(3) :541.

[127] Andrew Rosen, Brendan Benshoof, Robert W Harrison, and Anu G Bourgeois.,(2016), "Mapreduce on a chord distributed hash table". In 2nd International IBM Cloud Academy Conference, volume 1, page 1.

[128] Fabrizio Marozzo, Domenico Talia, and Paolo Trunfio., (2012), "P2p-mapreduce : Parallel data processing in dynamic cloud environments". Journal of Computer and System Sciences, 78(5) :1382–1402.

[129] L. Gong, (2001), "JXTA : A Network Programming Environment," Internet Computing, IEEE, vol. 5, no. 3, pp. 88–95.

[130] Pradeeban Kathiravelu. (2016). "An elastic middleware platform for concurrent and distributed cloud and mapreduce simulations", arXiv print arXiv :1601.03980.

[131] Carpenter, Jeff, and Eben Hewitt, (2020), "Cassandra : the definitive guide : distributed data at web scale". O'Reilly Media.

[132] Beomseok Nam, (2019) "Chord distributed hash table-based map-reduce system and method." U.S. Patent No. 10,394,782. 27 Aug.

[133] Sanchez, V. A., Kim, W., Eom, Y., Jin, K., Nam, M., Hwang, D., ... Nam, B. (2017, September). EclipseMR : distributed and parallel task processing with consistent hashing. In 2017 IEEE International Conference on Cluster Computing (CLUSTER) (pp. 322-332). IEEE.

[134] Bolea Sanchez, V. A. ,(2019), "VELOXDFS : Elastic blocks in distributed file systems for big data frameworks".

[135] Banerjea, S., Pandey, M., Kumar, A., Dugar, R., Gore, M. M., (2016), "Implementation of MapReduce over structured peer-to-peer overlay of underutilized resources", In 2016 IEEE International Conference on Advanced Networks and Telecommunications Systems (ANTS) (pp. 1-6). IEEE, November

[136] S. Banerjee , J.P. Hecker, (2015), "Multi-Agent System Approach to Load-Balancing and Resource Allocation for Distributed Computing", First Complex Systems Digital Campus World EConference.

[137] Banerjea, S., Pandey, M., & Gore, M. M., (2019), "Large Scale P2P Cloud of Underutilized Computing Resources for Providing MapReduce as a Service.", In Proceedings of the 2nd International Conference on Data Engineering and Communication Technology (pp. 211-219). Springer, Singapore.

[138] R. Ruslan, A. S. M. Zailani, N. H. M. Zukri, N. K. Kamarudin, S. J. Elias, and R. B. Ahmad,(2019) , "Routing performance of structured overlay in distributed hash tables (dht) for p2p", Bulletin of Electrical Engineering and Informatics, vol. 8, no. 2, pp. 389–395.

[139] Zhang, Yu, and Huifang Cao., (2017), "DMR : A deterministic MapReduce for multicore systems", International Journal of Parallel Programming, 45(1), 128-141.

[140] Lin Xiaodong, Misic Jelena, Shen Xuemin, and Yu Shui, (2015), "Networking for big data", Boca Raton : CRC Press, Print.

[141] Yoong Kim. Multi réseaux logiques recouvrants pair à pair : conception et impact. 2006.

[142] Mishra, Kaushik, and Santosh Majhi. (2020), "A state-of-art on cloud load balancing algorithms." International Journal of computing and digital systems 9.2 : 201-220.

[143] Wided, Ali, (2020), "Équilibrage de charge dynamique dans les grilles de calcul : une approche à base d'agents", Diss. Université de mohamed kheider biskra.

[144] L. Song, S. Wu, H. Wang and Q. Yang,(2014), "Distributed MapReduce engine with fault tolerance," IEEE International Conference on Communications (ICC), 2014, pp. 3626-3630, doi : 10.1109/ICC..6883884.

[145] Solissa, Diamun Fikri, and Maman Abdurohman, (2018), "Hadoop High Availability with Linux HA." 2018 6th International Conference on Information and Communication Technology (ICoICT). IEEE.

[146] Ashika R. Naik, . et Bettahally N.Keshavamurthy. (2020), "Next level peer-to-peer overlay networks under high churns : a survey". Peer-to-Peer Networking and Applications, vol. 13, no 3, p. 905-931

[147] Nicholas JA Harvey, John Dunagan, Mike Jones, Stefan Saroiu, Marvin Theimer, and Alec Wolman. Skipnet : A scalable overlay network with practical locality properties. 2002.

[148] Antony Rowstron and Peter Druschel. Pastry : Scalable, decentralized object location, and routing for large-scale peer-to-peer systems.In IFIP/ACMInternationalConferenceonDistributed Systems Platforms and Open Distributed Processing, pages 329–350. Springer, 2001.

[149] Petar Maymounkov and David Mazieres. Kademlia : A peer-to-peer information system based on the xor metric. In International Workshop on Peer-to-Peer Systems, pages 53–65. Springer, 2002.

[150] Kan Wu, Leon McGinnis, (2013), "Interpolation approximations for queues in series", IIE Transactions, vol. 45(3).

[151] Cherbal, Sarra, Abdellah Boukerram, and Abdelhak Boubetra., (2016), "A survey of DHT solutions in fixed and mobile networks", International Journal of Communication Networks and Distributed Systems, 17(1), 14-42.

www.ingramcontent.com/pod-product-compliance
Lightning Source LLC
Chambersburg PA
CBHW061322220326
41599CB00026B/4997